实用文体翻译教程

主编　王晨婕　项　霞

郑州大学出版社

图书在版编目（CIP）数据

实用文体翻译教程 / 王晨婕，项霞主编. — 郑州：郑州大学出版社，2022. 12（2024.6 重印）
ISBN 978-7-5645-9080-2

Ⅰ. ①实… Ⅱ. ①王…②项… Ⅲ. ①英语 - 翻译 - 教材 Ⅳ. ①H315.9

中国版本图书馆 CIP 数据核字（2022）第 168116 号

实用文体翻译教程
SHIYONG WENTI FANYI JIAOCHENG

策划编辑	部 毅	封面设计	苏永生
责任编辑	吴 昊	版式设计	苏永生
责任校对	孙 泓	责任监制	李瑞卿

出版发行	郑州大学出版社	地 址	郑州市大学路 40 号（450052）
出 版 人	孙保营	网 址	http://www.zzup.cn
经 销	全国新华书店	发行电话	0371-66966070
印 刷	廊坊市印艺阁数字科技有限公司		
开 本	710 mm×1 010 mm 1 / 16		
印 张	10.5	字 数	175 千字
版 次	2022 年 12 月第 1 版	印 次	2024 年 6 月第 2 次印刷

书 号	ISBN 978-7-5645-9080-2	定 价	58.00 元

前言

本建材编写宗旨为“以学生为中心、以市场需求为导向、以提高翻译能力为目标”，即遵循科学性和系统性的原则、强调语篇意识、培养学生的译者主体意识以及注重理论与实践相结合。本教材建设意义在于：一是《实用文体翻译教程》有助于弥补之前翻译教材普遍缺乏对实用文体翻译的关注，通过文字内容为主，视频微课内容为辅的方式真正实现翻译教材服务于课堂教学与实际应用的有机结合。教材内容的选取强调实用性，呈现真实的翻译场景与任务，比如宁波大型企业简介（网络版）翻译、浙江省 5A 级景点公示语译文案例分析与改译等。二是《实用文体翻译教程》呈现真实的翻译案例，内容涵盖诸多重要实用文体，从汉英同类文体的不同特征入手，通过批判性分析等手段切实帮助学生建立有效的发现并解决翻译问题的机制，激发其翻译兴趣，既关注学生翻译知识技能的掌握，同时注重学生翻译能力的自我培养与译者素养的提高。

本教材建设充分体现翻译的学科特性，同时克服传统教材中的知识老化现象。教材整体内容覆盖企业简介翻译、产品说明书翻译、字幕翻译、新闻翻译、科技翻译等专题；所选翻译案例均来自实际生产生活，同时体现地方特色。作为翻译实践教材，本教材充分体现语境的作用、体现翻译内容的真实性。再者，本教材建设者力求编撰一本真正适合普通高等院校英语、商务英语专业（同样适用于非英语专业高年级翻译选修课）的具有可操作性、服务于广大师生的实用文体翻译教程。

(1)教材内容源自一线教学研究经验积累。本教材内容中的翻译案例分析绝大部分源自编委会成员的一线教学素材,编排合理科学,涵盖各类重要实用文体,如企业外宣文体、新闻报道以及科技论文摘要等,从汉英同类文体的不同特征入手,探究实用文体翻译过程,梳理行之有效的翻译原则与方法,做到真正授人以渔。所有参编人员均为来自各个高校的一线教师,有着多年的翻译课程教学经验,同时具有较强的教研经验。主编王晨婕老师长期从事翻译教学,积累了丰富的素材与经验,曾多次参与各类教学技能竞赛,独立发表数篇教研论文,指导学生参加各级各类翻译比赛并获得佳绩。主编项霞教授多篇教研论文发表于 Babel、Translation and Interpreting Studies、《外语教学与研究》、《外国语》、《外语与外语教学》等 SSCI 和 CSSCI 国内外权威、核心期刊,主持国家社科基金年度项目省社科联、省教育厅项目并参与国家社会科学基金项目多项。

(2)教材具有较强实操性。《实用文体翻译教程》内容有助于学生建立有效的发现并解决翻译问题的机制,激发其翻译兴趣,强化其对翻译策略的认识。教材内容的选取强调实用性,呈现真实的翻译场景与任务,比如宁波博物馆解说词译文案例分析与改译、宁波大型企业简介(网络版)翻译、浙江省 5A 级景点公示语译文案例分析与改译等,旨在帮助学生建立一个发现并解决翻译问题的机制、加深其对已知翻译理论和技能的认识,并切实提高翻译实践能力。有助于弥补之前翻译教材普遍缺乏对实用文体翻译的关注,真正实现翻译教材服务于课堂教学与实际应用需求的有机结合,通过文字内容为主,内嵌视频微课为辅的方式为广大一线教师与学生提供全方位教学服务。

(3)设定教学目标注重全面性。传统教材把目标定位在知识的掌握上,视学生为接受知识的"容器",向其灌输知识。本教材教学目标的定位趋于全面性,既关注翻译知识技能的获取,又重视学生翻译素养的养成。内容覆盖诸多重要的实用文体，如企业外宣文本、产品说明书、外贸函电、科技论文与字幕等的翻译；整体而言，从学生未来从事翻译工作时可能出现的问题入手，提出解决方案，将学生视为能动的主体，既重视引导其掌握必需的基本知识和基本技能的传授，也关注学生翻译能力的自我培养与译者素养的提高。

编　者

2022 年 7 月

目录

第一章

绪　论

实用类文本可分为法规类实用文本(Practical Texts for Laws and Regulations,PTLR)和对外宣传类实用文本(Practical Texts for Foreign Recipients,PTFR)两大类:前者包括法律、合同、政策条文等文本;后者指宣传介绍或公告类文本及商务文本,包括各级政府新闻发布会的信息通报、我国政治经济、文化教育等发展状况的对外介绍、投资指南、旅游指南、企业介绍、各种大型国际性活动宣传、企业产品或服务广告宣传、商务函电、商务单证表格等。不同类型的文本有其不同的文体特征,如宣传类文本不同于文学文本和法规类文本。就中文宣传类文本的翻译而言,有三个显著特征:一是信息特征强,故将译文读者视为信息受众更合适;二是注重宣传的社会效应;三是许多中文对外宣传类文本自身存在诸多不足。这类文本范围较广,目前,这类文本翻译的社会需求很大,也显得日益重要,但在翻译实践中存在的问题也最多。本教材着重讨论宣传介绍或公告类文本及商务文本的汉英翻译问题、原则以及策略。

第一节　实用文体翻译性质与特点

一、实用文体翻译的性质

实用翻译的主要目的是"尽可能准确有效地翻译信息",侧重"信息内容而非美学形式、语法形式或文化氛围”(Joseph. B. Casagrande),其特点可以概括为“实用性”,它面向现实世界,以传达信息和施加影响为目的,起着宣传、指导、警示、鼓动、劝导、说教等实用功能。

实用翻译特别区别于传达有较强情感意义和美学意义的文学翻译(方梦之,2003:前言),其与文学和时事政论性文本翻译的一个重要区别就是文体特征。文学和时事政论性文本均为出版物,其作者一般都训练有素,措辞经过反复推敲,甚至连标点符号的运用都有讲究,同时还要经过出版社编辑的审读加工。而应用文本,尤其是宣传类中文文本所体现出的作者特征和文化特征与文学政论性文本形成鲜明对比。大多数应用文本的作者是企事业单位有着多年文秘工作经验的秘书,完成后需领导过目,需要迎合领导的语言风格,故容易出现“秘书腔”,常带有政治色彩的套话、空洞口号、公文程式性语言特征,或有追求辞藻华丽、句式新奇、刻意渲染等卖弄文采的倾向。就文化特征而言,中文应用文本烙有中国传统文化思维在语言表达中的特征,如讲究工整对仗而造成句式冗长繁复;产品说明书和广告语言则有过度夸张的倾向等;还有的宣传材料语言矫揉造作、不合语言规范和认知逻辑。国内读者对此大都已经习以为常,但在译成外文时则显示出自身的不足,若照原文措辞和句式翻译则难以为国外读者接受,影响接受效果。

二、实用文体翻译的特点

实用翻译是一种以传递信息为主要目的、又注重信息传递效果的实用型翻译。与强调艺术审美和文学欣赏的文学翻译相比,实用文本翻译的本质是“信息”传达,侧重于事实性信息,其美学和文化信息处于次要的地位,实用文本的翻译要考虑信息传达的效度,因此,要对文本信息性质进行辨析,对不同信息的价值做出判断,决定取舍。实用文本翻译信息传达的社会效应取决于受众的民族语言文化、思维方式、期待心理、认知能力、关系等制约参数,只有在满足这些潜在因素的前提下才能达到信息传递的最佳效度,故信息传递是一种动态的、可调节的传递过程，并非一个简单的"忠实"原则可以概括。在实用翻译中，文本类型如法规类文本、对外宣传文本、旅游宣传文本、商务合同单证等都有其不同的侧重性，其策略原则也会有所不同。如法律文本要求语言结构严谨、用语正式、行文不能有歧义等；对外宣传文本要求用通俗易懂的语言文字，使之适合一般读者的接受能力。为了提高译文的可读性，对不完全适合译入语表达的原文和对不符合译入语读者欣赏习惯的描写进行必要的删节或改写，其方法也会随之不同，如简化、虚化、弱化、淡化、改译、调节、移动、增补、删节、阐释、修正等。不必将原文逐字逐句地翻译出来，可以根据不同文本、不同读者对象、客户的不同要求和目的调整翻译标准。

第二节 实用文体翻译标准与要求

一、实用文体翻译的标准

实用翻译的标准，总的来说，应以原文为基础，以译文在译语语境中预期达到的功能或目的为目标。中国标准化协会组织专家审定对译文的一般要求为：一是忠实原文，要求译文忠实原文，技术内容准确，无核心语义错误，保证译文的准确性。二是信息完整，要求译文应完整传达原文的信息，无漏译和跳译，保证译文的完整性。三是术语统一，要求专业术语符合目标语言法定、专业标准，或行业、专业的通用习惯，并前后统一，保证译文的专业性。四是行文流畅，要求译文的表述符合目标语言文体或特定专业的一般表达习惯，保证译文的流畅性。五是计量单位，一般使用原文计量单位，符号的使用应前后一致。六是符号，标点、数字、时间、货币、计量等符号可按原文，也可按目标语言相关标准和通行惯例，或按双方约定。数学、物理等科学符号尽可能采用学科通用表示符号。七是专用名词，外译中时使用我国既定的中文译名，无既定译名的，应按音译、意译的次序译出。第一次译出时应附原文。中译外时，按目标语言国的既定写法或习惯拼法译出。八是缩略语，意义明确或经前文注释明确过的缩略语，可以在译文中直接使用。译文篇幅过长或缩略语过多的资料，可采用统一缩略语词表等措施。九是行文结构、章节标号等，在保持原文风格的基础上，遵照目标语言的文体及相关专业的表述习惯。

二、实用文体翻译的要求

其他要求包括：

(1)在目标语言中没有源语言中的某些词汇时，允许保留原文词汇或根据其含义创造新词。

(2)在不影响原文语义的情况下，允许改变句型结构或修辞。

(3)诗词、歌赋、广告及其他特殊文体及采用特殊修辞的语句，允许在不改变原文核心语义的基础上，变通译出。

(4)在不影响原文语义的情况下，允许对某些词句做必要的增删，以使译文更符合目标语言的表达习惯。

(5)原文中夹杂有其他语种的文字且无法译出或不在约定翻译任务范围时，必须在相关位置标明，同时保留原文。

(6)经双方约定，可略去原文中与顾客使用无关的文字。

(7)如果译者认为原文存在错误，可在译文中标识。

以上翻译服务译文质量的推荐性国家标准和一般要求，从事实用翻译时可以参照借鉴。

第三节　实用文体翻译策略与常用技巧

实用文体几乎包括除文学及纯理论文本以外的人们日常接触和实际应用的各类文字,语篇类型十分广泛,涉及社会生活、经济活动、科学技术、工农业生产、新闻传媒等方方面面,例如书信、函电、告示、契约、规章、报告、法律文件、旅游指南、广告、新闻报道、产品说明书、技术规范等等。其体裁范围几乎涵盖社会政治经济生活各个方面。

实用文体以传达信息为目的,同时考虑信息的传递效果。它区别于传达有较强情感意义的和美学意义的文学翻译。从其文本所承载的功能来看,基本可归于纽马克的"信息型"和"呼唤型"文本范畴,提供信息和感化受众是这类文本的主要目的。实用文本是用于交际的功能性文本,最能体现语言的交际功能,根据纽马克关于文本类型与翻译策略的分析,应该主要采用交际翻译方法。这与归化翻译论者的主张不谋而合。文学翻译的目的在于审美和文化交流与传播,而应用翻译的目的在于获得最佳社会效应或效益,因而在翻译活动中形成的"最佳效应"目的论原则以及相应的"经济简明"和"(主题)信息突出"策略原则等。试看以下译例:

［例1］　诞生于20世纪80年代末的虎豹集团,信守孜孜、永不言退的发展理念,在市场经济的大潮中,任凭浊浪排空,惊涛拍岸,独有胜似闲庭信步的自信,处变不惊,运筹帷幄。尽握无限商机于掌间,渐显王者之气于天地。虎豹人以其特有的灵气,极目一流,精益求精,即世界顶尖服装生产技术装备之大成。裁天上彩虹,绣人间缤纷,开设计之先河,臻质量之高峰,领导服装潮流,尽显领袖风采。(浙江虎豹集团宣传资料)

这是一家企业宣传资料中的一段文字,语言措辞夸张渲染、气势豪壮,是中文宣传文本中烙有民族文化思维特征的典型实例。从汉语文字运用角度看，原文似乎很“美”，但从对外宣传效度看，若按照汉语的语言文字和行文结构翻译，势必造成文字臃肿、句子堆砌，一大堆过度渲染夸张的文字掩盖了信息的宣传意图，而且，这种极度夸张的文字渲染会让国外读者质疑企业宣传的可信度；再者，对外宣传要求尽量运用实事求是的客观性语言，文字应简洁明快，既简洁美。从信息传达角度看，上述文字中能让国外读者感兴趣或能说明该企业特色的内容主要有6项：①成立时间；②抓住商机求发展；③精益求精；④汇集世界顶尖生产技术装备；⑤领导服装潮流；⑥产品质量高。其他画线部分的文字都起渲染、夸张的作用。在翻译过程中，译者应抓住材料的相关文字信息，突出主题信息，传达宣传意图，即究竟想要国外读者了解该企业的什么特点。故翻译时可对上述原文的描述性文字信息给予淡化或简化，并根据上述6项相关信息内容重组语句：

Founded in the late 1980s and striving for ceaseless development, the Hubao Group has achieved great success in the fashion - manufacturing sector. It is outstanding for being well-equipped with the world's most advanced technologies and is renowned for its maintenance of a high-standard quality system. It is now taking the lead in fashion designs and enjoys a good market share with quality products. The Hubao people have been keeping updating their products with their diligence and intelligence.

［例2］ 这儿的峡谷又是另一番景象：谷中急水奔流，穿峡而过，两岸树木葱茏，鲜花繁茂，碧草萋萋，活脱脱一幅生机盎然的天然风景画。各种奇峰异岭，令人感受各异，遐想万千。

这是一段中文旅游宣传文字，画线部分所用的四字结构具有节奏、韵律美，是优美的中文旅游宣传文字。但是，这种语言文字结构的美感在英语中则难以表达出来，因为中文有些词是重复使用的叠词，如“萋萋、脱脱”，有的是语义重复，纯属出于结构平衡之需，如“奇峰/异岭”。若按中文词句翻译，其效果则会显得文字累赘，故英译时可按英语的句式结构习惯予以处理：

It is another gorge through which a rapid stream flows. Trees, flowers and grass thrive on both banks, showing a picture of natural vitality. The weird peaks arouse disparate thoughts.

[例 3] 涡阳苔干,名优特产,驰名中外,声震古今,翠绿、鲜嫩、青脆、可口,有"天然海蜇"和"健康食品"之称; 清乾隆年间奉献皇宫,故又名"贡菜"。本品含蛋白质、可溶性糖、果胶、多种氨基酸、维生素 B_1、B_2、C 和胡萝卜素及钾钠钙铁磷锌等十余种矿物质,有清热降压、通经脉、壮筋骨、去口臭、解热毒酒毒,以及治疗心脏病、神经症、消化不良、贫血等;畅销国内,远销日本、港澳等地。

Guoyang Taigan, a time-honored specialty known both at home and abroad, is jade green in color and delicious in taste. It is also named "Plant Jellyfish" or "Health Food", and was particularly chosen as one of the vegetarian offerings to the Palace of the Qing Dynasty. The main ingredients of Taigan are protein, soluble carbohydrate, pectin, various amino acids, vitamins B_1, B_2, and C and carocium, iron, phosphorus, zinc, etc. Taigan has been believed to be able to produce certain medical effects, namely, to allay internal heat and fever, to reduce hypertenion, to regulate and strengthen bodily functions, to relieve halitosis and to dispel the effects of alcohol. Taigan can also be served as a medical diet for those who are suffering from heart failure, neurosis, indigestion and amenia. It sells well both in mainland China and Hong Kong, Macao and Japan.

解析:首先这是"苔干"包装袋上的英文介绍,"苔干"者,菜也,但译文给英语读者的印象却好像不是菜,而是有若干疗效的,甚至是治疗 heart failure, neurosis, indigestion 等的药用食品(medical diet)! 虽然中国民间常有食疗的说法,但说靠吃一种食品就能治疗多种病简直是无稽之谈,以理性著称的西方读者不会相信。这种夸张性文字易造成虚假宣传,应略去,译文只要突出含有何种维生素和微量元素等即可(能被科学检验),至于这些营养物质有何"疗效",让读者自己去判断;其次,原译文忽略词的语义特征。如"本品含……"的科学含义是指苔干所含的营养物质(nutritive substances),即多种维生素和微量元素等,并非译文所介绍的 main ingredients。ingredients 意为 any of the foods that are combined to make a particular dish,是指"一种食物/菜肴的原料或材料成分","苔干"的原料即"茎",若为即食食品,其 ingredients 应该是苔干、盐、水、油、香料等;再者原译文冗长,小包装袋上能否印这么多文字?即使能印上,也是拥挤不堪的。产品说明的翻译还应考虑其所出现的特殊环境(如杂志、广告牌、包装袋等),力求简明。

1813 年,德国著名古典语言学家和翻译理论家施莱尔马赫在《论翻译的方法》中提出两种方法:一是"尽可能让作者安居不动,而引导读者去接近作者",二是"尽可能让读者安居不动,引导作者去接近读者"。据此,美国解构主义翻译家韦努蒂(LawrenceVenuti)于 1995 年在 *The Translator's Invisibility* 一书中,正式提出了"归化法"(domestication)和"异化法"(foreignization)。Venuti 在讨论异化翻译时,对归化翻译的策略做出了描述:遵守目标语文化当前的主流价值观,公然对原文采用保守的同化手段,从而达到让译文符合本土典律、出版潮流和政治的需求。归化翻译的最大特点就是采用流畅地道的目的语进行翻译,在这类翻译中,翻译者的努力被流畅的译文所掩盖,译者为之隐形,不同文化之间的差异也被掩盖,目的语主流文化价值观取代了译入语文化价值观,原文的陌生感已被淡化,译作由此而变得透明。归化以目的语文化为归宿,采用译文读者习惯的表达方式来传达原文的内容,使译文读者对译文的反应等值于原文读者对原文的反应。这正是实用文体翻译的努力方向和目标。

异化、归化作为文化翻译的两种策略,无高下优劣之分,具体使用应根据翻译的目的(即作者的意图)、文本的类型、译语读者的要求,以及文化色彩在原文中的重要性这四个可变因素进行动态分析,这也是决定如何取得文化对等的四个因素。翻译的目的是为了增加译作的可读性,使译作通俗易懂;文本类型为实用性文体的文章,如宣传资料、通知、公告、新闻报道乃至通俗文学、科普著作;读者的要求不在于了解源语文化,而是为了消遣或其他目的;文化色彩在原文中不起举足轻重的作用,则一般应以目的语文化为归宿,采用"归化"翻译法。由此可见,实用文体的翻译应主要采用归化译法。

翻译目的决定翻译策略,翻译策略必须根据翻译目的来确定。应用文体翻译都有特定的,现实的目的,要求译文在最大程度上达到并满足预期的功能,强调信息的传递效果,看译文是否满足了委托人和译语读者的需要和愿望。可见应用文体的翻译以译语读者为中心,使译语读者对译文的理解尽可能接近原文读者对原文的理解,产生相近或相同的效果。

应用文体的翻译应遵循"读者第一"的原则,采取"交际翻译"的手法,其具体翻译要求的可行性取决于译语文化而不是原语文化环境。"以读者为中心"(reader-centered)、"以目的语文化为导向"(target-culture-oriented)的特点决定了实用文体的翻译策略应以突出读者效应的归化翻译为主。应用文体的翻译关注的重心是读者,目的是唤起读者的所思所想及所为,强调的是信息的传递效果和读者效应。译文中作者的身份并不重要,作者隐身,原文文本在翻译中只起"提供信息"的作用。因而在翻译过程中,为保证译文的信息传递效果和读者效应,译者完全可以根据译文的预期功能,结合译文读者的"社会文化背景"知识、对译文的"期待""感应力"或"社会知识"以及"交际需要"等等,来决定文本处于特定语境中的具体翻译策略和手法,根据需要对原文进行适当注释(annotation)、调整(adjustment)、删减(reduction),甚至可酌情大胆改写(rewriting)。下面分别举例说明。

一、增词和注释

注释是对原文中一些带有原语文化色彩和历史背景的人物、名称、典故通过阐释、加注等手段进行补充说明。以免译文读者误解或不解。

[例4] (桃花源)始建于晋,初兴于唐,鼎盛于宋,大毁于元,时兴时衰

于明清，萧条于民国，渐复于解放后，大规模修复开发于1990年。

Taohuayuan(the peach flower source) was first built in the Jin Dynasty(256-439 AD), began to take shape in the Tang Dynasty(618-709), flourished in the Song Dynasty(960-1297), and went to ruin in the Yuan Dynasty(1279-1368). With ups and downs through the Ming and Qing Dynasties(1368-1911), it was almost abandoned in the times of the republic of China(1912-1949). Its restoration was made from the year 1949 and a large-scale expansion and development began in 1990.

原文用词精当，连贯流畅，且朗朗上口，一目了然。但在译文中有几处必须阐释清楚，否则会导致译文读者的困惑："晋、唐、宋、元、明、清、民国、新中国成立后"具体是什么年代？国外游客不见得清楚，而且这又是理解原文内容的关键信息（说明"始建、初兴、鼎盛、大毁、时兴时衰、萧条于、渐复于、大规模修复"这一发展过程的不同时期），必须在译文中增添注释，使历史过程变得清晰。当然这样一来，译文行文会略欠流畅，但至少保证了信息的准确，不会让人产生误解甚至无法理解。

由于中外文化差异很大，各自历史发展进程不一，外国游客往往对中国老百姓人人皆知的情况不一定很了解，旅游翻译材料有必要作一些解释，提供一些人文历史、风土人情等方面的背景知识，一是帮助他们理解，二是唤起他们的兴趣。

［例5］ 在介绍桂林风土人情的文章中，把"三月三节"翻译成"San Yue San Festival"，忽略了原语和译语之间的文化差异，及对译语文化背景缺乏了解，外国游客就会一头雾水，不知所云，自然不能唤起他们的兴趣和共鸣，从而影响到交际目的的实现。所以翻译时应该加上适当的解释，提供给外国游客想了解并感兴趣的信息（取名的由来，节日的活动等）。译例如下："San Yue San Festival"(The festival usually takes place on the third day of the third lunar month, when minority people, especially the young get together for folk song contests to make friends with each other.)

二、调整

在实用文体的翻译过程中,翻译成败的关键在于是否实现了译文的预期功能,译者必须了解译语读者的文化背景知识,比如译语读者可能对哪些文化信息比较了解,对哪些不了解,可能对哪些文化信息比较感兴趣,对哪些不感兴趣,只有这样才能决定在翻译中如何恰当地对文化信息进行调整,从而保证译文的信息传递效果和读者效应。

[例6] 由潘鹤教授设计的贺龙元帅铜像,屹立在天子贺龙公园。铜像高6.5米,重约100吨。(张家界旅游画册)

The grand Bronze Statue of Marshal He Long. He Long(1896–1969),one of the founders of the People's Republic of China, born in Shanghai, somewhat 60 kilometers from the tourist site, led many battles during the Chinese Civil War and Anti-Japanese War.

国内游客大都熟悉贺龙元帅生平,原文突出雕像的雄伟气势和设计师的知名度。但国外游客想知道的是雕像为何许人也,为什么要树他的雕像,他与此地有何关系,而且铜像是直观的物体,有人对它的设计者(除非是世界级)、高度、重量不会感兴趣。所以译者在译文中调整信息焦点,采用归化译略,以读者(国外旅游者)为中心,以目的语文化为导向,实现了译文的预期功能,让国外游客了解了该铜像的相关背景知识。

[例7] 五大莲池有14座火山锥,其中12座是1万年以前先后形成的休眠火山。据文献记载:"摩尔根(今嫩江)东南,一日地中忽出火,石块飞腾,声震四野,越数月火熄";"康熙五十九年(1720)六七月间,忽然烟火冲天,其声如雷,昼夜不绝,声闻五六十里。"这场火山爆发前后可能延续了两年多时间。当时,从喷火口流出的岩浆把附近的小白河截成了五段,形成了五个互相毗连的火山堰塞湖。

There are fourteen conic volcanoes at the Five Big Adjacent Lakes, twelve of which are dormant volcanoes formed 10,000 years ago. The first eruption occurred in1720. It has been recorded in different historical documents . Subsequent eruptions probably lasted more than two years. Their lava cut the nearby Xiaobai River into five segments and hence formed five barrier lakes that were connected with each other.

原文是说明火山锥和湖区的由来,其中引述的文献记载比较详细,那么关于这些细节究竟有无必要全译呢?这就要从译语接受者的角度来分析。其实,火山爆发在西方各国并不鲜见,且西方各国也有文献记载,影视作品中也常可见到火山爆发的具体场景,因此在译文中略去火山爆发的细节描写不译,只需交代一下文献记载中火山爆发的时间就行了。译文中这一细节处理得很恰当。

三、删减和改写

删减和改写是实用文体翻译过程中经常借助的手段,通过对原文内容或形式做一定程度的改变以实现译文的预期功能。译者应尽量使用符合译语文化观念和语言结构模式的表达方式,使译文对译语读者产生良好的影响力,满足译语读者的阅读心理和接受能力。汉英两种语言有很大差异,在行文及结构等方面迥然不同。汉语中惯用四字连珠,对偶排比,讲究声韵对仗、着重渲染情感气氛,营造铺排奢华、酣畅淋漓的深远意境和宏阔气势,有些华丽辞藻往往并无多大实际意义,翻译时可大胆予以删减改写,化虚为实,以符合英语重形式、重写实的特点及英语读者的表达习惯和主流文化。

[例8] 这里三千座奇峰拔地而起,形态各异,有的似玉柱神鞭,立地顶天;有的像铜墙铁壁,巍然屹立;有的如晃板垒卵,摇摇欲坠;有的若盆景古董,玲珑剔透……神奇而又真实,迷离而又实在,不是艺术创造胜似艺术创造,令人叹为观止。(《武陵源风景》画册)

3000 crags rise in various shapes—pillars, columns, walls, shaky egg stacks and potted landscapes...conjuring up unforgettably fantastic images.

从汉语原文来看,其行文华美,意象奇妙,情景交融,是典型的汉语写景之作,非常符合汉语的表达习惯和中国读者的阅读习惯。对于这段文字的翻译,译者根据原作语篇意图,打破汉语行文用字的格局,避“虚”就“实”,充分发挥了英语重形式、重写实等特点,大胆删减,用简单的几个名词就把武陵源山峰的“奇形”生动而贴切地显现了出来。译文直观可感、简洁流畅,符合英语的表达和思维模式及英语读者的欣赏习惯。

[例 9] 桂林山水甲天下

East or west, Guilin landscape is best.

原文是一句响彻古今九州之名句,引领着八方游客对久负盛名的旅游胜地桂林山水的神往。译文巧妙地活用了“East or west, home is best”这一英语中脍炙人口的谚语的“名句效应”,同时准确表述了“桂林山水甲天下”的含义,达到了这则旅游广告的对外宣传目的:既让国外游客领略这一传神佳句,又便于他们记诵和流传。正如英译大师唐闻生(毛泽东主席的翻译)所说:“翻译是一种创造,是技术也是艺术。”旅游广告译文的成功之处就在于运用归化译法,大胆创造,同时结合这种实用文体的特点和目的,让国外普通旅游者读懂看懂并喜闻乐见,从中获取相关的自然、地理、文化、风俗方面的信息,语言通达朴实,自然流畅,雅俗共赏。

在实用文体的翻译过程中,其“实用性”的特点决定了译文应突出“内容”和“效果”,强调预期功能的实现。因此,译者在对两种语言及文化之间的信息进行转换时,一般采用归化翻译法,仔细分析源语信息的意图,把译文读者置于首位,遵守译语文化的主流价值观,使用译语读者熟悉的表达习惯和语言形式,尽可能地把源语行为模式纳入译文读者的文化范畴。“归化”的译法可给人一种入乡随俗、简单明了的感觉,避免了文化冲突,而文化冲突会导致各种形式的误解。上述提到的归化翻译策略即注释、调整、删减、改写等，目的都是为了减少两种不同文化的碰撞，最大限度地实现"使译语读者对译文的理解尽可能接近原文读者对原文的理解，产生相近或相同的效果"。

❖ 实战演练 ❖

一、请将下列汉语句子翻译成英文。

1. 宁波已经初步形成布局合理、功能齐全的城市绿色生态体系。

2. 此举将进一步提高公司的科技含量，使公司获得更广阔的市场空间。

3. 这座城市的交通硬件不错，但在软件方面尚需进一步改进。

4. 整合 IT 市场资源，追求专业化、市场化、规模化、规范化。

5. 我们的国家大，人口众多，经济落后，农业要搞上去，最重要的还是要依靠一系列正确的政策调动农民的积极性，自力更生，艰苦奋斗。

二、将下列英语篇章翻译成汉语。

Scientific and technological advances are enabling us to comprehend the furthest reaches of the cosmos, the most basic constituents of matter, and the miracle of life.

At the same time, today, the actions, and inaction, of human beings imperil not only life on the planet, but the very life of the planet.

Globalization is making the world smaller, faster and richer. Still, 9/11 and avian flu remind us that a smaller, faster world is not necessarily a safer world.

Our world is bursting with knowledge—but desperately in need of wisdom. Now, when sound bites are getting shorter, when instant message crowd out essays, and when individual lives grow more crazy, college graduates capable of deep reflection are what our world needs.

For all these reasons I believed—and I believe even more strongly today—in the unique and irreplaceable mission of universities.

第二章

企业简介翻译

在全球经济一体化趋势日益增强的今天，越来越多的中国企业意识到公司英文网页建设的必要性和重要性。大多数公司将中文网页翻译成英文，其中首先需要做的就是公司简介的翻译。公司简介犹如公司的一张名片，是客户了解公司的第一面窗口，英文翻译的好坏可能会决定公司是否能吸引顾客和获得客户。然而由于译者水平参差不齐，中西方文化形态、语言习惯和认知模式上的巨大差异，译文中因为没有遵循一定翻译原则而造成的错误和跨文化、跨语言的语用失误时有发生，严重地影响了译文的效果。因此，针对公司简介语言特点和功能探讨其翻译原则，从而避免公司简介翻译常见错误和译文的语用失误，对于减少误解、达到公司介绍目的和效果具有重大意义。

第一节　汉英企业简介文体特征比较

一、汉语企业简介特点

(一)词汇层面

汉语的行文用字历来有四六骈体、行文用字宜双不宜单的习惯，讲究四言八句，平行对偶。除此之外，汉语企业简介中常常重复出现抽象名词。

［例1］ 中国大唐集团公司的发展战略是：把集团公司建设成经营型、控股型，市场化、集团化、现代化、国际化，具有较强发展能力、盈利能力和国际竞争能力的国际知名能源公司。

原译：The development strategy of CDT is to build CDT into a managerial and share-holding type of market-oriented, group, modernized and internationalized large-scale power enterprise group with fairly strong development capability, profitable capability and international competitiveness.

［例2］ 中国华能集团公司的经营宗旨是：遵守国家法律、法规，执行国家政策，根据国民经济发展规划、国家产业政策以及市场需求，依法自主从事生产经营活动，坚持改革、改组、改造和加强管理，改善产业结构，发挥集团整体优势，提高经济效益，增强市场竞争力，确保国有资产保值增值；以电为主，综合发展，逐步成为实力雄厚、管理一流、服务国家、走向世界，具有国际竞争力的大型企业集团。

原译：The business guidelines of CHNG could be summarized as the following: to abide by the state laws and regulations and to be compliant with the state policies; to conduct business activities on its own according to the country's economic development plan, national industrial policies and market demand; to continue the reform, restructuring and renovation, to enhance management, to improve business structure, to take advantage of the combined strength of a group, to upgrade economic performance, to increase market competitiveness, and to insure the preservation and increment of the value of the state-owned assets, to adhere to the principle of "Taking Power Generation as the Core Business while Building a Diversified Business Portfolio" so as to turn CHNG into a large enterprise group with international competitiveness featuring "Solid Capability, World-class Management, Serving the Nation and Embracing the World".

(二)句法层面

汉语重意合,结构松弛,多以意思连接的积累式分句(Accumulative Clause)或独立的单句(Independent Sentence),其彼此的逻辑关系多以句序之先后加以暗示。有的语言学家认为英语惯用“竹节句法”,所谓“竹节”,则指其断不可缺的种种连接词(Connectives);汉语则用“流水句法”,所谓“流水”,指少用乃至不用连接词的行文流畅。美国的翻译学家尤金·奈达(Eugene A. Nida)在其 *Translating Meanings*(1983)一书中曾经深入浅出地说明了英汉这一差异:就汉语和英语而言,也许在语言学上最重要的一个区别就是形合和意合的对比,在英语以及大多数的印欧语言中,句子的从属关系大多是用连接词如,although,because,when,in order that,so 及 so that 等词明确地表达出来。汉语为意合语言,两成分间的关系往往要靠上下文的意思来判断,而当某个成分(经常是主语)省略时,就要靠上下文,以至于要从言外知识来找出正确的主谓关系了。

[例3] 广汽工业集团将抓住发展的大好时机,学习和借鉴国内外先进的技术与管理经验,不断提升企业管理水平,积极参与国内外两个市场的竞争与合作,加快形成产业结构新格局,实现广州汽车工业的持续、快速、健康发展。

原译:GAIG will grasp the unprecedented opportunity, learn from the advanced technologies and administrative experiences home and abroad to constantly improve its administration ability, actively participate in domestic and foreign market competition and cooperation, and accelerate to form the new pattern of industrial structure, so as to achieve the sustainable, fast and healthy development of Guangzhou automotive industry.

[例4] 公司具有雄厚的研发实力,从事新技术、新产品、新工艺、新装备的开发研制,为公司积聚了不竭的发展动力。

原译:Baosteel possesses tremendous D & R strength. It has made great efforts in developing new technology, new products and new equipment, and has accumulated vigorous driving force for company's further development.

另外，汉语企业简介中常出现感叹句，如下例：

[例5] 展望未来，格力电器将为全社会做出更大的贡献！

原译：Looking into the future, Gree Electric Appliance will make more contributions to the society.

除却语言层面的这些特征外，汉语企业简介中还会频繁出现该企业所获得的各级各类奖项。

[例6] "三金"牌商标被国家工商行政管理局认定为"中国驰名商标"，"三金"牌产品已行销海内外，并享有良好声誉。企业还荣获全国企业管理杰出贡献奖、全国"五一劳动奖状"、全国思想政治工作优秀企业、全国文明单位、全国中药行业优秀企业等荣誉。

原译：Sanjin Brand has been determined as "The Chinese Famous Brand", Enjoying good reputation both in China and abroad, the products of "Sanjin Brand" have been granted many honorable titles.

二、英语企业简介特点

[例7] As the world leader in delivering innovation in communications, mobility, information and entertainment, Verizon provides superior broadband, video and other wireless and wireline services to consumers, businesses, governments and wholesale customers across the globe. We operate America's most reliable wireless network and provide services over America's most advanced fiber-optic network. In addition, we deliver integrated business solutions to customers in more than 150 countries, including all of the Fortune 500.

Our vision of the future is based on continuously improving our global, connected solutions to provide our customers with integrated and personalized services that inform, empower and inspire their lives at home, at work and on the go.

例7 为美国最大的本地电话公司、最大的无线通信公司简介。我们不难发现英语企业简介用词特点，即喜用评价性、带有情感色彩的词汇，以及大量单音节动词。

The Preference for The Use of Commendatory and Colored Adjectives

leading, global, premier, large, superior, diverse, broad, great, new, superb, top, high, efficient, innovative, creative, talented, trusted, attractive, unmatched, unparalleled, exceptional, extraordinary, outstanding, world - class, world - acclaimed, best-known, well-known, well-established...

Extensive Use of Monosyllabic Verbs

grow, meet, seek, form, start, have, rank, help, span, run, use, make, take, serve, do...

在句法层面，英语中有大量衔接成分来表明句子内部或句子之间的关系。

［例 8］ Although diversification served Cooper well for approximately 30 years, the economic realities of the 1990s made it clear Cooper's strategy had to change. (Cooper Industries)

GM operates one of the world's leading finance companies, GMAC Financial Services, which offers automotive, residential and commercial financing and insurance. (GM)

英语企业简介中还有以下特殊的句式，即祈使句和省略句。

Imperative Sentences

［例 9］ GOODYEAR'S VISION

Become a market - focused tyre company providing superior products and services to end-users and to our channel partners, leading to superior returns for our shareholders. (GOODYEAR)

Elliptical Sentences

[例10] Worldwide sales: $21.2 billion.

International sales: $12.9 billion (61percent of company's total).

Companies in more than 60 countries.

3M products sold in nearly 200 countries.

More than 69,000 employees.

3M employs mostly local nationals. Plant locations :139 worldwide.

Sale office locations:188 worldwide. (3M)

第二节 企业简介汉英翻译常见问题剖析

企业简介英译文质量的好坏直接影响到该企业对外宣传的效果与企业的形象。然而,现有的汉语企业简介英译文中存在大量值得商榷的问题,大多数英译文还未摆脱形式上“忠实”的框框,显得忠诚有余而通顺不足。下面就语言层面与文化层面出现的翻译问题加以剖析。

一、语言层面翻译问题

[例11] 目前总部位于浙江省宁波市鄞州投资创业中心,占地18万平方米,建筑面积16万平方米,净资产8.7亿元,员工4500余人,专业人员400多人,年产男西服250万套件,2008年实现销售收入超16亿。

原译:Its headquarters is located in Yinzhou investment enterprise zone in Ningbo City, Zhejiang Province, with a total area of 180,000 m^2 and a construction area of 160,000 m^2, a net asset of. RMB870 billion yuan, a staff of more than 4500 and 400 professionals, annual production of men's suit of

2,500,000 sets,the sales income of 2008 reached over RMB1.6 billion yuan.

改译:Its headquarters is located in Yinzhou investment enterprise zone in Ningbo City, Zhejiang Province. It covers an area of 180,000 m^2, with its construction area of 160,000 m^2, and possesses net assets of RMB 870 billion yuan. Youngor,with its annual production of men's suit of 2.5 million sets,is comprised of 4500 employees,400 of whom are professionals. In 2008,its sales income reached over RMB 1.6 billion yuan.

例11的原译完全是中式英语的思维,是原译者全然不顾中英句法篇章上的巨大差异亦步亦趋逐字翻译的结果。事实上,原文中的一系列数据信息可以分为三个层次,首先是介绍该企业的地理位置,接着是硬件设施方面的情况,最后传递的是有关该企业在人员数量与年产量、销售收入等软件配备方面的优势等,因此在改译中,笔者将原文信息重组,厘清了原文的逻辑关系,符合英语的表达的方式。句法和语篇问题的出现,不但会对外国受众在获取信息上造成困难,而且很难产生积极的宣传效果,反倒有损于国家和地区的形象。

[例12]　中国大唐集团公司的发展战略是:把集团公司建设成经营型、控股型,市场化、集团化、现代化、国际化,具有较强发展能力、盈利能力和国际竞争能力的国际知名能源公司。

改译:CDT aims at building itself into an international large-scale market-oriented conglomeration of modern share-holding type with strong profit-making capability and international competitiveness.

[例13]　中国华能集团公司的经营宗旨是:遵守国家法律、法规,执行国家政策,根据国民经济发展规划、国家产业政策以及市场需求,依法自主从事生产经营活动,坚持改革、改组、改造和加强管理,改善产业结构,发挥集团整体优势,提高经济效益,增强市场竞争力,确保国有资产保值增值;以电为主,综合发展,逐步成为实力雄厚、管理一流、服务国家、走向世界,具有

国际竞争力的大型企业集团。

改译：The business guidelines of CHNG could be summarized as the following：Aiming at developing ourselves into a large-scale conglomeration with power generation as the core business while building a diversified business portfolio，we would continuously improve our business structure and upgrade our economic performance so as to increase our international competitiveness.

[例 14] 广汽工业集团将抓住发展的大好时机，学习和借鉴国内外先进的技术与管理经验，不断提升企业管理水平，积极参与国内外两个市场的竞争与合作，加快形成产业结构新格局，实现广州汽车工业的持续、快速、健康发展。

改译：GAIG will constantly improve the administration ability by taking the unprecedented opportunity to learn the advanced technologies and administrative experiences from home and abroad. We will try to achieve a sustainable，fast and sound development by competing and cooperating with domestic and foreign enterprises and accelerating the formation of the new pattern of industrial structure.

二、文化层面翻译问题

中文企业简介中的表达功能尤为突出，常常使用华丽的辞藻语句，比如时而借用夸张溢美之词，时而依靠对仗四字成语或其他的修辞手段，这些又往往是“很多无实际内容的套话”；与此截然相反的英文企业简介则用词简洁平实，很少用口号式的标语，重在提供实用的信息。若在翻译中直接将中文逐字译出，则会影响译文的信息与操作功能。

[例 15] 迈步新的发展阶段，太平鸟集团将继续秉承“倡导时尚理念、引领时尚生活”的企业使命，紧紧把握时尚潮流发展主线，立志将“太平鸟”打造成为“中国第一时尚品牌”，并以国际知名的大型时尚产业集团和中国

的世界品牌为企业的远期发展愿景,成为中国大众时尚界的一面旗帜。

原译:At a new stage of development, the group will continue to do business based on the idea of " Advocating fashion & leading fashion", firmly grasping the fashion trend. It is determined to make "Peacebird" No. 1 fashion brand in China and try its best to become a well-known fashion group both nationally and internationally, to become a banner in China fashion industry in the future.

仔细比对原文与译文后不难发现,英译文对原文的翻译字字"忠实"。中文简介用语华丽工整,几乎是一气呵成。但是若机械地对等直译,只能使国外客商一头雾水,因为原文中的很多内容是冗余信息。实际上,原文主要想传达该集团会一如既往把握时尚潮流,并且有志于成为中国乃至国际性的顶级时尚品牌。中文简介中的口号式标语建议在译文中省略,从目的论的角度看,为了实现译文的信息和操作功能,必要的删减与重组是可取的,试改译为:We will grasp the fashion trend as usual and make great efforts to realize the development goal of being top brand at home and broad.

在中文企业简介中,常常会有本企业所获的各级各类奖项以彰显自身在整个行业或在国内国际的地位,如若将这些奖项全盘照搬译成英文,且不说国外的客商无法了解各类奖项的评奖机制,这些奖项不会打动他们,反而会让他们对此产生怀疑,适得其反。因此,在译文中可适当保留部分比较权威的奖项,若篇幅允许则可适当增译这些奖项称号颁发的单位以示权威,这也符合国外受众的期待和实现译文的功能。

[例16]　1996年至今,太平鸟一直位列全国服装行业销售收入和利润双百强单位,2000年起太平鸟荣登宁波市百强企业、浙江省百强私营企业、全国民营企业500强之列,"太平鸟品牌"也被先后授予"中国名牌""中国驰名商标"等荣誉称号。

原译:Since 1996, the company has been among the top 100 national enterprises in garment industry in both sale and profits. Since 2000, the Group has been hornored the titles as "Top100 Enterprises in Ningbo","Top 100 Private Enterprises in Zhejiang ","Top 500 Private Enterprises in China". The brand has also been awarded "China Famous Brand" and "China Well-known Trademark".

原文的表达方式是中国企业喜闻乐见的称号奖项,而国外客商不会因不熟悉的某机构授予的奖励就对你(该企业)的产品产生好印象。这是因为中西价值观的不同导致的差异,中文企业简介立足于企业价值,着力展现企业的社会形象与行业地位,而英文企业简介则主要以消费者为出发点,集中展示产品或服务的消费价值以及企业与消费者的利益关系等。因此,在中国企业简介中被认为有价值的信息,反而在国外客商的眼中成了毫无价值的冗余信息。试将上例改译为:Since 1996, we have been among the top 100 national enterprises in garment industry in both sale and profits. Titles like "Top 500 Private Enterprises in China" and "China Well-known Trademark", which are respectively issued by All-China Federation of Industry and Commerce and the State Administration for Industry & Commerce of P. R. C, have been given to us since 2000.

语篇的行文视角在中西方的企业简介中也有很大的差异。中国文化主张内敛,提倡谦虚。中国人常常避免锋芒毕露,强调中庸,认为"木秀于林风必摧之"。因而中文企业简介常常以第三人称视角展开,凸显客观性。西方企业简介则与之相反,行文多以第一人称视角展开,颇具感染性,朴实中尽显自信。因而在中文企业简介英译时应注意调整行文视角,以符合国外受众的阅读习惯,有助于有效实现翻译目的(例 15、16 的改译中已将原文的第三人称改为 we)。

[例 17] 培罗成集团<u>十分注重员工管理建设,尤其注重人才管理,注重企业员工的培养与保护</u>,并以宽宏的企业发展观,发挥应有的社会责任。

原译:Progen Group pays full attention to staff management, especially talents management. We also exert our social obligation to staff training and protection with munificent outlook on development.

改译:We put emphasis not only on the staff management, especially on talents management,but also on quality cultivation as well as rights and interests protection of staff. At the same time, we fulfill our social obligation with munificent outlook on development.

第三节 企业简介汉英翻译原则与常用策略

一、辨明"虚实",突出"信息"功能

[例 18] 随着我国汽车工业的飞速发展,汽车家庭化、大众化已成事实,人车一体化的例生活逐渐成为时尚,爱车养车理念已渐入人心。所以,汽车美容养护势如破竹,前景一片光明。

With the rapid development of domestic auto industry in China,it's become a fashion for people to enjoy a life with their own cars, which, therefore, brings about a good opportunity to develop the auto beauty and maintenance service.

[例 19] 在过去的二十多年里,联想控股走出了一条有中国特色的高科技产业化道路;立足中国本土市场,在和国外企业竞争中取胜,促进了民族 IT 产业的发展;成功实施了国有股份制改造;打造出了一支出色的人才队伍,探索出以"管理三要素"为核心的具有联想特色的企业管理理念和方法,并成为核心竞争力。

原译:Over the past two decades, Legend Holdings explored a Chinese way of high tech industrialization. By taking roots in Chinese market, it outstood the foreign competitors and drove the growth of IT industry in China. It accomplished shareholding restructuring. Legend has grown younger generations of business leaders and talents and established its own management philosophy and methods with "three key management elements", which soon become its core competitiveness.

改译：

Who We Are

We are a leading IT company at home and abroad.

We are a team of honorable professionals and talents.

What We Treasure

We emphasize high technology and innovation.

We succeeded in shareholding restructuring.

We pursue advanced management and values.

二、避免"八股"，注意内外有别

[例 20] 我公司 95、96 年分别实现产值 400 万美元、500 万美元，销售收入 420 万美元、550 万美元，并连续两年利税超过 150 万美元，成为×××市经济效益支柱产业，自 95 年以来，先后被授予"××县城市经济功勋企业""××市经济效益支柱企业""××省供销合作社十强工业企业""银行信誉 AAA 企业"，95 年在全国供销工业企业经济效益百强中排名第十八位，并被批准为"中华人民共和国海关保税工厂"。

The annual output of the corporation amounted respectively to USD 4 million in 1995 and USD 5 million in 1996, with an annual sales income each up to USD 4.2 million and USD 5.5 million. The annual profits and taxes turned in more than USD 1.5 million successively in 1995 and 1996, which entitles it to many honorable titles granted by both local and state governments. It has now become a pillar enterprise in ×× City and enjoys the privilege of the " bonded factory" authorized in 1995 by China Customs Administration.

三、分清主从，理顺逻辑语义关系

[例21]　快速反应，马上行动，质量第一、信誉至上是公司的宗旨。我们将以客户的需求为发展动力，为用户提供满意的产品及优质的服务。

原译：Our tenet is "Quick reflection, Immediate action, Quality first, Reputation first". We will be always pursuing what you need and provide you with satisfactory products and top-notch service.

改译：

Under the principle of "promptness, quality and credit", we will offer you our products and services to your every satisfaction.

We will offer you our products and services to your every satisfaction with promptness, quality and credit.

[例22]　雅戈尔集团创建于1979年，经过32年的发展，逐步确立了以品牌服装为主业，涉足地产开发、金融投资领域，多元并进、专业化发展的经营格局，成为拥有员工5万余人的大型跨国集团公司，旗下的雅戈尔集团股份有限公司为上市公司。

——雅戈尔集团

原译：The Youngor Group was founded in 1979. Over the three decades' development, the Group established businesses in sectors including property development and equity investment, in addition to its core business of branded garment manufacturing and marketing. The Youngor Group is now a major multinational corporation, employing over 50, 000 people. Youngor Group Company Limited–a member of the Group—is listed on the Shanghai Stock Exchange.

改译：Founded in 1979, the Youngor Group has established multi-developed management pattern during the three decades, expanding its businesses to real estate development and financial investment, in addition to its core business of branded garment manufacturing and marketing. With over 50,000 employees, the Youngor Group has become a large - scale multinational corporation, whose subsidiary - Youngor Group Company Limited, is listed on the Shanghai Stock Exchange.

——Youngor Group

❖实战演练❖

以下企业简介的原译文有哪些翻译问题？试着做出改译。

1. 公司以"团队、学习、诚信、责任"为核心价值观，通过实施人性化管理，推行 OHSAS18001 职业健康安全体系，营造花园式的厂区及舒适的生活、工作环境，努力创建和谐的劳动关系，荣获"全国模范劳动关系和谐企业"。

——宁波金田铜业（集团）股份有限公司

原译：Jintian advocates "teamwork, study, integrity, commitment "as the core value. With bringing the people-oriented management into effect, Jintian complies with the OHSAS18001 system on occupational health and safety management, builds up a garden - style factory, comfortable environment and working conditions. Therefore, Jintian was awarded as "Model Harmonious Enterprise in Labor Relationship" in China.

——Ningbo Jintian Copper (group) CO. ,LTD.

2. 面向现代化、面向国际的罗蒙人，以罗蒙品牌为核心竞争力，"创新""质量""文化""学习"为品牌支撑点，坚持多品牌、多元化发展，在服装业做大、做强基础上，罗蒙人正以满腔热情为实现中国最大最强服装企业、争创中国第一服饰品牌目标不断努力前进！

——罗蒙集团

原译:Toward modernization, the international Romon people take the Romon brand as the core competitiveness, "innovation", "quality", "culture", and "learning" as the brand anchor, adhere to the multi－brand, diversified development in the garment industry. On the basis of making the clothing industry bigger and stronger, Romon people are making continuous efforts to achieve the goal of becoming China's largest and strongest clothing enterprise, and striving to become China's first clothing brand with full enthsiasm!

——Romon Group

第三章

产品说明书翻译

产品说明书是对日常生产、生活产品的说明。它主要是对某一产品的主要情况的介绍,诸如其组成材料、性能、存贮方式、注意事项、主要用途等的介绍。本章节主要探讨化妆品说明书的英汉互译,比较英汉化妆品说明书文体特征的异同,同时总结一系列行之有效的翻译原则与方法。

从 20 世纪 90 年代起,欧盟规定所有化妆品必须在包装上标明其所含的所有成分,同时对于化妆品说明书词汇、句式等方面的研究逐步展开。一般而言,化妆品说明书是对日用化妆品的基本情况,如产品用途、生产日期、容量、主要原料、使用方法、注意事项、产品存贮条件及方法等进行说明的一种文体,通常会以三种方式出现:产品包装上的使用说明,使用说明书,说明性标签。上述方式受空间篇幅的限制,往往非常短小精悍。

化妆品作为一种特殊的消费品,长期以来备受人们尤其是女性的关注。全球经济一体化促使各大化妆品公司抢占国外市场。为了让化妆品迅速被消费者接纳并购买,产品说明书译文的质量显得尤为重要。化妆品说明书行文条理清楚、言简意赅,讲究语气正式,传递产品的有关信息,如产品功能、生产工艺以及使用方法等,通过全面介绍以此推广并提高化妆品的销售与使用率。与此同时,化妆品又是一种具有"软卖"功能的消费品,因此化妆品说明书需要形式美观,语言典雅华丽,最终起到移情作用,从而吸引消费者购买,扩大产品销售率与使用率。

从文本功能来讲,女性化妆品说明书的信息功能尤为重要,向普通消费者全面介绍产品的情况,包括主要成分,主要功能,使用人群,使用方法,注意事项,有的还包括图示。其次,化妆品说明书还兼具类似广告的操作功能,即对产品进行宣传与推广,因此产品说明书的词汇,尤其在描述功效方面,需要采用能让消费者产生美感的辞藻,有时甚至还会使用一些修辞手段,以实现文本的操作功能,促进产品的销售与推广。

第一节　汉英化妆品说明书文体特征比较

汉英化妆品说明书同属于侧重信息与操作功能的实用文体,兼具科技文体的共性,两者的相同点主要聚焦在格式、词汇、句式与篇幅等方面。

(一)相对固定的格式

一般来说化妆品说明书的格式或体例相对固定。汉英化妆品说明书通常都是由主要功效、主要成分、使用方法等几部分组成,分别说明。各部分之间没有直接的联系,因而不存在过渡词或短语。诚然,各个部分内部还是存在内在的逻辑关系;另外某些说明书也会将主要成分与功效结合在一起进行解释、说明和宣传。通常情况,女性化妆品体积较小,因此说明书的内容一般都比较短小,内容简明扼要。因而,格式比较固定,由产品名称(name)、主要成分(major ingredients)、主要功效(results)、使用方法(usage or how to use)、使用建议(advice)、注意(note)或警告(cautions)等部分组成。

(二)词汇的术语性

化妆品说明书中一般包含大量的有关化妆品的专有名词和专业术语。如下表3-1,表3-2所示:

表 3-1 化妆品专有名词

洗面奶(指没有泡沫的乳液状产品)	cleansing milk
洗面皂	cleansing soap
洗面泡沫	cleansing foam
爽肤水(质地如自来水般的)	toner
柔肤水(质地比较黏稠的)	lotion
精华液	essence
乳液	emulsion
面霜眼啫喱	cream eye gel
防晒霜	sun-block cream
粉底液	fluid foundation
眼影	eye color/eye shadow
眼霜	eye cream
眼线液	eye liner
睫毛膏	mascara
腮红	blush
润唇膏	lip balm
口红	lip stick
蜜粉	smooth powder
香水	perfume

表 3-2 化妆品主要成分专业术语

peg-32 stearate	peg -32 硬脂酸酯
stearyl alcohol	硬脂醇
oleyl alcohol	油醇
Isopropylmyristate	肉豆蔻酯异丙酯
denatured alcohol	变性乙醇
benzyl alcohol	苯甲醇

续表 3-2

peg-32 stearate	peg -32 硬脂酸酯
isopropyl alcohol	异丙醇
butylene glycol	丁二醇
hexylene glycol	己二醇
1-methoxypropane	1-甲氧基丙烷
4-hydroxybenzoic acid	4-羟基苯甲酸
cetylpyridinium chloride	西吡氯铵
dehydroacetic acid	脱氢醋酸
chlorobenzyl alcohol	二氯苯甲醇
diazolidinyl urea	双咪唑烷基脲
formaldehyde	福尔马林
metylchloro	甲基氯异噻唑啉酮
isothiazolinone/petrolatum	矿脂(凡士林)
paraffinum-liquidum	液体石蜡
butylene glycol	丁间二醇
multilamella Liposome	多元脂质体
ceramide	神经酰胺
hyaluronic acid	透明质酸

(三)常用动词与大量评价性形容词

限于篇幅,化妆品说明书中的动词使用数量有限。常见的动词有provide,offer,give,leave,make,deliver。一般而言,一种品牌的化妆品说明书中不会出现大量动词,谈及化妆品功效妆品英文说明书中动词的使用中时,又会根据产品的特点使用以下动词:moisturize,nourish,reduce,guarantee,improve,resist,inhibit,protect,cleanse,中文对应为“保湿”“滋养”“减少”“改善”“抑制”等。其中 moisturize,nourish 等动词出现频率很高,因其更能满足女性对化妆品的心理预期,滋养肌肤。

化妆品说明书的文本功能需要具有一定的移情作用和鼓动效应,因此褒义色彩浓厚的评价性形容词随处可见,目的是展示其产品的优良品质和特殊功效,赢得消费者的认可,树立良好的产品形象。如表3-3中的这些形容词都具有美好联想意义,能迅速抓住女性追求肌肤健康,爱美的心理,从而起到一定的呼唤功能。同时,形容词还常以比较级和最高级的形式出现。

表3-3 化妆品说明书的评价性形容词(evaluative adjectives)

silky- smooth	丝绸般柔滑
perfect	完美的
translucent	晶莹剔透的
supple & soft feel	柔软娇嫩的
natural	天然的
light	明亮的
adaptable	适应性强的
creative	富有创造力的
dependable	可靠的
efficient	有效率的
ingenious	有独创性的
reliable	可信赖的
dreamy	梦幻的
varied	多变的
lasting	持久的,恒久的
effective	有效果的

(四)多采用陈述句与祈使句

化妆品说明书中广泛使用祈使句与陈述句,这与其文本功能密切相关。

比如在“使用方法”和“注意事项”等部分，常常以祈使句方式出现。如：Close the cap tightly after each use. Avoid direct contact with clothing immediately after application. 此外，祈使句的使用给人面对面交流的感觉，从而使消费者产生亲切感，拉近生产者与消费者之间的距离。陈述句的使用则更多关注客观事实的呈现，因此在中英化妆品说明书中也被普遍使用。

汉英化妆品说明书除了上述共同点之外，由于不同的医学与美学背景差异，两者势必存在差异，主要体现在语言层面的时态与语态的使用，修辞手法的不同、中西医文化背景差异以及文化意象等四方面。

1. 英语化妆品说明书更多采用一般现在时与被动语态，汉语化妆品说明书采用主动语态。

英语中一般现在时表示现在的一种习惯性或经常性的动作或状态，所表达的时间概念能包含过去、现在和将来。因此在英语化妆品说明书中大量采用一般现在时来表达客观存在的真理或永恒持续的事物，有助于产生一种该产品能持续提供所需物质的感受，让消费者感觉到所购买的产品更具有客观、持久永恒般的意味。同样，英语被动语态的使用更加凸显产品说明的客观性，例如：Skin is left soft fresh as well as perfectly concealed. 滋润肌肤并完美遮瑕。不难发现，汉语说明书译文中采用的是主动语态，同时时态的概念在汉语中也没有那么显化了。

2. 英语化妆品说明书多平铺直叙，汉语化妆品说明书采用多种修辞手段。

汉语重形象思维，英语喜抽象思维。汉语化妆品说明书较多地使用比喻的修辞手法。通过使用带有美好联想含义的名词做喻体，引发读者美的感受；英语化妆品说明书则更多采用客观的方式平铺直叙地表达。如以下几例：

(1) The mild formulation is also ideal for adult use. Gently moisturizing without leaving skin greasy. 成人使用，<u>可令您的肌肤如婴儿般娇嫩</u>，温和滋润

不油腻。(屈臣氏婴儿滋润霜)

(2) Natural Charcoal effectively absorbs and removes excessive sebum and dirt. 天然活性炭成分,像磁石般有效吸走油脂及深层污垢。(曼秀雷敦男士活性炭沐浴露)

(3) Within E. O - SKING. ingredient, offer skin natural moisture to restructure skin's balance of water and oil, restore balanced toned complexion, and whilst enjoy the Provence romance within lavender aroma.

E. O-SKINC. 精油添加配方,为肌肤提供源泉般的补水保湿及滋养成分,调理水油比例,令肌肤拥有水润通透的肤感,优雅的薰衣草香让你体验来自普罗旺斯的浪漫情怀。(家乐美薰衣草细致均匀面膜)

原文中均是平铺直叙的语言,译文中均采用了比喻的修辞格,增加了汉语译文的美感,在译入语受众中引起共鸣,在尊重原文的基础上,这样的增译成分无疑为产品功效增色不少。

3. 中西医文化背景差异

为了更好地树立民族品牌,诸多国产化妆品融入传统中医的护肤概念与配方,这些富有中国传统医学特色的词汇无法在英文中找到对应的表达。因此,如何既保留产品中宣扬的传统中医概念,同时使译文为广大普通西方消费者所理解,成为新形势下译者亟须解决的问题。试看一例:

原文:可采根据《神农本草经》理论核心的四气五味及七情合和,采集大香格里拉地区原始森林中的多味本草精华,经 33 道工序,古法秘制出独有的营肌五味活肤美容汤。长期使用,改善暗黄粗黑肤质,润养肌肤健康营润。(可采莹润深层嫩白睡眠面膜)

译文:According to Traditional Chinese Medicine bible *Shen Nong Ben Cao Jing*, Cortry makes a unique Ying Ji Wu Wei traditional Chinese medicine compound through 33 traditional procedures with many scarce herbal medicine from the virgin forest of Shangri-La. Ying Ji Wu Wei can moisten your skin and keep it healthy.

原文中出现了中医理论中的四气五味与七情合和,四气是指药物的寒、热、温、凉四种特性,又称四性。寒凉和温热是两种对立的药性,而寒与凉、热与温之间只是程度的不同。另外还有平性,即药性平和。药物的五味是通过长期的用药实践所获得的疗效而确定的,它包括辛甘酸苦咸。同时又出现了中国传统医学中的经典著作《神农本草经》。这些颇具中国传统医学文化特色的元素如若用释义的方式,在篇幅有限的条件下,恐难实现。再者,普通消费者在购买产品时也不可能花费大量时间去研读这些理论解释。但若采取删减的方法,又无法体现该化妆品的特色。因此,在译文中我们发现译者在《神农本草经》的拼音音译基础上增译了 Bible 一词,突显其在中国传统医学领域的地位,同时略去了该医学典籍中的核心理论四气五味与七情合和,可谓有增有减,相得益彰。另外对其产品中配方的命名营肌五味,采取了拼音音译,通过句中对其功效的解释,不会造成消费者的困惑,反而更加突出其配方的独特性。

4. 文化意象差异

汉英语言分属不同文化体系,不同的文化意象在产品说明书中也会通过一些借代、典故等的方式呈现。比如,中文化妆品说明书中常常出现一些中国古典文化意象的名词。这些词汇常以汉语独有的四字结构的方式出现在严谨正式的说明书体裁中,也非常符合说明书短小精悍的特点。试看以下一例:

原文:促进肌肤新陈代谢,去除老化角质,有效修护肤色不均,令肌肤美白细腻、宛若凝脂。(佰草集美白嫩肤面膜)

译文:This cream improves skin micro-circulation and metabolism, removes aging cutin, leaving the skin fair, moisturized and refined.

"凝脂"一词最早出自《诗经》:"手如柔荑,肤如凝脂,领如蝤蛴,齿如瓠犀,螓首蛾眉,巧笑倩兮,美目盼兮。"该词用以形容古典美女。在《长恨歌》

中,白居易用“春寒赐浴华清池,温泉水滑洗凝脂”来描绘中国四大美人之一的杨贵妃。这一文化意象虽然美不胜收,却无法引起西方消费者的共鸣,因此译者采取了省略的译法。

第二节 产品说明书翻译原则与策略

汉英女性化妆品说明书的翻译需关注两者之间的差异,在此基础上,遵循该类实用文体的翻译原则,即突出信息功能、兼具美感与操作功能,同时关注中西文化差异。

(一)突出信息功能

化妆品说明书一般包括使用方法、主要成分、注意事项、储存方法,以及有效期与产品批号等,这些部分的内容强调信息功能的传递,试看以下几例。

[例 1]

1. 使用方法

After facial cleaning in the morning and evening, apply it onto the face with cosmetic cotton before the next skin care. (Sewame)

早晚洁面后,用化妆棉拍在脸上,然后再做下一步护肤。(雪完美)

2. 主要成分

It contains H - Vitamin Herbal Complex (vitamin b3. mulberry, gingko, ginseng, lemon) whitening ingredient, which can penetrate into inner skin layers to help prevent damages from outside pollutions from inner skin layers. (OLAY)

多重维生素草本植物精华(H-Vitamin Herbal Complex),包括维生素 B_2,桑树、银杏、人参和柠檬,能深入肌肤底层,在净白肌肤的同时从底层有效防护外界污染对肌肤的伤害。(玉兰油)

3. 注意事项

Warning: for external use only – Avoid contact with the eye area. If product gets into eyes, rinse thoroughly with water. If signs of irritation or rash appear, discontinue use. Keep out of reach of children.

注意事项:外用产品。避免接触眼睛部位,若产品不慎入眼,请即以清水彻底清洗。如有刺激或疹子症状出现,请停止使用。请置于儿童接触不到的地方。

4. 储存方法

Store in cool dry place and avoid direct sun exposure. (OLAY)

请置于干凉处,避免阳光直射。(玉兰油)

Store in cool place. (Watson)

存放在阴凉处。(屈臣氏)

5. 有效期与产品批号

Expiry date (YMD) and Batch No. : see tube end.

有效日期(年月日)、批号:见管尾

上述译例主要围绕产品说明书中突显信息功能的使用方法、主要成分、注意事项、储存方法,以及有效期与产品批号等内容,一般可以采用直译的方法,同时每个部分又是独立分开,因此在英汉翻译过程中各个部分彼此之间也不必有连接过渡的成分需要添加。

(二)兼具美感与操作功能

化妆品说明书的主要功能是传递信息,让消费者了解化妆品的功效、使用方法等,同时还兼有宣传鼓动的效应。所以化妆品说明书译文要在准确传达产品信息的前提下,还要激发消费者购买的欲望。同时,女性化妆品的消费群体是广大爱美的女性,这就要求说明书译文文字既要准确精练,又要有艺术性,以符合女性追求高雅美丽的心理,促进产品的销售。因此,在翻译过程中,在尊重原文的基础上,灵活处理,如以下译例:

［例 2］ AVON perfect Day Moisture Cream nourishes skin with the moisture it needs for a softer, healthier appearance.

雅芳保湿营养霜蕴含丰富维生素和天然保湿成分，具滋养和保湿功效。为肌肤提供养分和水分，令肌肤全日滋润亮泽，平滑柔软，保持健康的动人光彩。

原文表达的是雅芳保湿营养霜的功效，出现了 soft 和 healthy 的比较级，在译文中出现了汉语中典型的四字结构，即滋润亮泽、平滑柔软、动人光彩，工整对仗，美感十足；同时原文中 nourish 和 moisture 这两词的词性也发生了变化，原文中的动词与名词分别在译文中转换了词性，成为修饰“功效”的定语，即“滋养”和“保湿”。

［例 3］ Watch Body Wash contains cleansing extract from plants which is 100% natural to strengthen your skin while cleansing. Contains pure botanicals to cleanse your body gently; while classic fragrance to make you charming and fascinating.

威露士沐浴露含植物洁净素，天然不刺激，令肌肤卫生更健康。蕴含美丽香熏成分，舒缓压力，令你时刻保持精神焕发，魅力过人。

该译例非常典型地实现了信息、美感与操作功能。就产品的成分与用途即“cleansing extract from plants, botanicals”等用直译或增译的方式翻译成“含植物洁净素”“天然不刺激”等。同时，在译文中采用四字结构如“令肌肤卫生更健康”“舒缓压力”和“令你时刻保持精神焕发”强化译文的美学功能。另外，原文仅有两个长句，译文中两句长句翻译成了符合汉语习惯的短句，通过调整句式结构的方式更适合中国消费者的阅读习惯，吸引消费者的关注并促使他们购买的欲望。

［例 4］ Rose whiten cleanser（护肤品 CAMENAE）

Applicability: Suitable for dry skin.

Efficacies: It helps to moisturize the upper layers of the epidermis gently toned and refreshed with rich rose essence.

译文:玫瑰保湿净白洁面乳(嘉媚乐)

适用:干性、晦暗、粗糙肤质。

功效:弱酸性配方,洁净效果温和而有效,并能锁住肌肤表面水分,其蕴含的玫瑰精华成分,可有效淡化色素、净白肌肤,令肌肤倍感滋润白皙。

[例 5] These contain the Palmarosa essential oil ample, and have function to flat the heat of skin, antibiosis at the same time, keep wet of skin, and prevent the harm of ultraviolet, prevent the spot born, the sweet smell pacify mood validity, and make the person lustration, a pleasant change of atmosphere. It is convenient, fresh and cool, help own bright, clean and white skin, throw off luster.

富含马丁草精油,对肌肤有降温作用,同时抗病毒,保持肌肤润泽状态,能防止紫外线对肌肤的伤害,防止色斑生成,香甜的气息有效安抚情绪,并能使人清静,耳目一新。便于携带、使用方便、清爽不油腻,帮助拥有明亮的肤色,全天散发净白光彩。

由于中西审美观念的差异,西方强调黑里透红的皮肤是健康的,但是中国人崇尚白皙细腻的肤质,同时由于气候因素,干燥晦暗是大部分中国人面临的皮肤问题。因此将"Suitable for dry skin"翻译成"适用:干性、晦暗、粗糙肤质",提高了产品的说服力,体现了产品广泛的适用性和实用性,展现产品的功能特征,从而达到促进消费者购买的目的。译文中的"便于携带、使用方便、清爽不油腻,帮助拥有明亮的肤色,全天散发净白光彩",四字结构的铺陈排列,综合中国人喜好美白的观念,使得译文更符合译文读者的实用性要求,从而达到提高产品知名度,增加销售额的目的。

[例 6] This highly effective formula with our exclusive Extreme Lift Complex empowers your skin to look more lifted and more contoured—faster than ever. Over Night Cream brings amplified benefits while you sleep. Wake up to skin that looks younger, refreshed and radiant. (Introduction of Resilience Lift

Extreme from ESTEE LAUDER）

充足的长效保湿因子与丰富的胶原活力养分融合，紧致弹力，层层收紧松弛肌肤。日间防护，夜间修复，24 小时递升弹性，令肌肤饱满紧实。（选自知名化妆品牌雅诗兰黛一款产品"弹性紧实活颜柔肤霜"介绍）

汉语和英语属于不同的语系，语言表达方式具有很大的差异。如果按照忠实或通顺的原则翻译这段说明文字，一定不会引起目标读者的阅读兴趣，因为汉语文化的熏陶使读者喜欢自己国家的文字独特表达方式。比如汉语是重语感、重变通、重节奏的语言，组句的自由度很大，长长短短，以形寓意，善用排比反复和四字成语。译文中的四字结构"日间防护，夜间修复"读来不仅朗朗上口，又高度赞扬了产品功效，可谓一举两得。"紧致弹力层层收紧松弛肌肤""24 小时递升弹性，令肌肤饱满紧实"表达的深层含义只有一个，那就是该产品的功效是紧致肌肤，但译者为何还要多次表达重复信息呢？显然根据译语文化背景和目标消费者的美感接受程度，重复的表达可以增强消费者对产品的信任度，从而达到推广销售产品的最终目的。

（三）关注中西文化差异

汉英两种语言分属不同文化体系，语言作为文化的载体，势必在语言表现形式上有差异。

［例 8］ You can have a great tan without exposing yourself to the harmful effects of the sun.

健康润肤霜，免受阳光暴晒伤害，照样拥有健康肤色。

如将上述原文中的"tan"直接译为棕色或者古铜色，这款化妆品在中国市场就很难有立足之地。作为黄种人，中国女性向来以追求皮肤美白效果为目标，因此如何规避在文化接受层面上的差异，译文中"健康肤色"的采用避免了此类尴尬，不失为上乘之作。再看一例：

［例 8］ AVON ROLL ON ANTI－PERSPIRANT DEODORANTall－day deodorant and wetness protection. Keep under－arms dry and odor－free. Glide on smoothly. Dry quickly. Non-stinging. Non-sticky. Won't stain clothing.

雅芳止汗香体露(山茶花香)配方特别温和,适合各类肤质,独特的清香,令身体24小时保持干爽清新。

如果采用直译法,将不可避免出现“除臭”“腋窝”“不刺激皮肤”“不沾衣服”。以上词语是为中国文化所避讳的用语,中国消费者读起来可能会感到不适。因此,在翻译过程中需要适当转换视角。试看:

雅芳走珠止汗香体露(山茶花香 Camellia)配方特别温和,适合各类肤质,独特的清香,令身体24小时保持干爽清新。

译文中用“温和”和“适合各类肤质”表达了“non-stinging”之意,“清香”和“清新”体现“deodorant”和“odor-free”之意,以“身体”整体指代局部的“underarm”,“干爽”包含“non-sticky”和“won't stain clothing”之意。用反话正说的方式,译者有效地避免容易引起中国消费者产生不良联想的词语的使用,创造性地传递了原文的信息,同时有效激发中国消费者的购买欲望。

❖实战演练❖

1. 请查阅一些国外品牌的化妆品说明书,试着总结英汉女性化妆品说明书的异同。

2. 请从信息、诱导与表情三大功能角度分析以下两则说明书的汉译文。

3. 试着对第三则说明书做出批判性分析。

4. 试着总结女性化妆品说明书英汉翻译的原则与方法。

女性化妆品说明书(一)

Shiseido's unique formulation of Dual Target Vitamin C and Arbutin inhibits melanin production both inside and outside melanocytes, also reducing melanin in the horny layer. By carefully controlling the melanin production, multiple skin layers are actively whitened. Visible freckles, dark and dull spots are targeted and soon faded. Simultaneously, the skin's surface layer is toned and retexturized with the use of rare Asian plant extracts. The effect is radiant, translucent looking skin.

资生堂独创美白配方——双效修护维生素C和熊葡萄叶素，能于色素细胞内外截击黑色素的聚合过程，同时减少积聚于角质层里的黑色素。透过严密控制黑色素的形成，肌肤表层将获得“恒动”的美白修护。不久，明显的雀斑、黑斑和暗沉斑点将逐渐淡化。此外，配方中的稀有亚洲植物精华，促进表皮色泽明亮，肤质改善。剔透富光泽的美透白肌，即将展现。

Brightening Refining Softener, a whitening lotion that softens skin and exfoliates surface cells to reduce visible melanin buildup and ensure a smooth, evenly luminous complexion.

亮白活肤水能令肤质柔软，促进老化表皮细胞脱落，减少黑色素积聚，缔造色泽均匀、柔滑亮泽的肌肤。

Formulated with: Dual Target Vitamin C; Arbutin; Asian plant extracts; Clarifying agent.

产品配方蕴含：双效修护维生素C；熊葡萄叶素；亚洲植物精华；净化成分。

How to use: Use morning and night after cleansing skin. Saturate a cotton pad and wipe gently over face.

使用方法：早晚洁面后使用。以浸透活肤水的化妆棉，轻柔地拭抹脸部。

女性化妆品说明书(二)

Spa moisturizing: AQ-WATER, an intelligent spa conducting system, helps replenish sufficient moisture to deep skin and relieve dryness instantly, leaving skin silky and hydrated.

Hydra-whitening: Catalyzed by Natural-AQUA, the natural mulberry whitening element can continuously releases whitening essence, whitening and maintaining normal moisture of skin.

Light texture: promptly infiltrate into skin, making skin smooth and silky. (SIVIA)

矿泉保湿:智能矿泉水分传导系统 AQ-WATER 能将水分输送到肌肤深层,给肌肤提供丰沛水分,瞬间改善缺水肌肤,使肌肤持久水润亮泽。

水莹亮白:天然桑椹美白成分在 Natural-AQUA 的引导下,深入肌肤底层,并持续释放美白成分使肌肤美白莹润。

轻盈质感:迅速渗入肌肤,让肌肤看起来如丝般柔滑。

女性化妆品说明书(三)

Mask

This deep-cleansing clay mask absorbs impurities, controls excess oil and renews your skin. This formula refines the appearance of pore and leaves skin looking clarified.

Key Ingredients: Extract of witch hazel, kaolin, extracts of lavender and pomegranate.

Directions : Smooth a generous amount onto clean skin. Leave for 10 minutes. Remove with a warm, wet facial cloth.

AVOID USE IN EYE MOUTH AREAS. AVOID SCRUBBING BLEMISH-PRONE SKIN.

面膜霜

该面膜能吸除污垢,控制多余的油脂,重塑您的肌肤。该面膜的配方能收缩脸部毛孔,使肌肤看上去清透。

主要成分:榛子提取物、白陶土。薰衣草提取物、石榴提取物。

使用方法:将适量面膜涂敷在清洁的肌肤上,十分钟后,再用温水或湿毛巾洗净。

请避开眼部、嘴唇区域使用。请避开面疱区域使用。

第四章

品牌名的翻译

品牌是一种名称、名词、标记、符号或设计，或者是上述元素的组合，其目的是识别产品或劳务，并与竞争对手的产品和劳务区别开来。产品品牌同时包含一系列附加值，包含功能和心理两方面。就功能角度而言，它能表达基本的功能、效用或服务；就心理层面而言，品牌价值正日益成为一种市场的统治力量，它以一种有形或无形的力量控制着消费者，控制着消费市场。品牌价值在创造巨大的市场红利的同时引导着人们的生产方式和生活方式，引导着人们的追求和社会潮流。比如，当人们提到麦当劳，消费者想到的是汉堡、孩子和快乐；一提及可口可乐，我们就想到快乐、时尚、前卫、活力四射。因此在经济全球化的大背景下，品牌名翻译的重要性不言而喻，译文质量的好坏直接决定该品牌能否走向更广阔的国际市场，是否能在译入语国家的消费市场获得一席之地。

第一节　汉英品牌名特征比较

汉英品牌名存在诸多相同之处，作为产品的符号，广泛传播并产生品牌效应是其在命名过程中需要实现的目标，因此需尽量做到音美、形美、意美。具体而言：一、优秀的品牌名读起来朗朗上口，听起来响亮悦耳，此为音美；二、能给予消费者一种美妙而又积极的联想，并获得某种心理满足，此为意美；三、成功的品牌名外形要具有美感，此为形美，这一特点更多地需要在色彩、字体等设计方面下功夫。从语言角度来说，音美与意美的实现可以通过多种方式，比如音美可以通过各种修辞手法来实现，请看表4-1。

表4-1　品牌名音美修辞实现手法

头韵（alliteration）	Samsung　Coca Cola　Clean & Clear　Jack & Jones　American Apparel
元音韵（assonance）	Adidas　Zara　Tata　Toyota　Motorola　Mazda　Coca Cola
尾韵（consonance）	Band-Aid　D&G　Calvin Klein　Coca Cola
汉语叠音	娃哈哈　洽洽　鸭鸭　开开　酸酸乳　IdoIdo　Piyo Piyo
双声叠韵	金菱（食品，青岛老字号） 烟山（食品，四川老字号） 鼎兴（食品，四川老字号）

品牌名的音美常常通过音韵美来实现，这就会借助多种修辞手法，如表4-1中的押头韵、元音韵、尾韵等。[i]、[ɑː]、[ɔː]等开口元音原本在英语语音中就能带给听众美感，并具有一定的象征意义，如piyo piyo（婴童用品）一听就与儿童牙牙学语时的声音类似，充满童趣。Tata（鞋品牌）不仅用韵，而且还用摹声的手法，正是皮鞋着地发出的"踏踏"声，让人闻之便明了，同时也寓意都市生活的快节奏，突显其目标消费群体积极向上的生活态度。采用叠音与双声叠韵的品牌名音韵连贯、音调铿锵，朗朗上口，易听易记。除此之外，还有许多的修辞手法来实现品牌名的音美。拟声（Onomatopoeia）是一种模拟大自然或其他事物的声音而获得形象逼真的语言表达手段。品牌名中的娃哈哈便是运用拟声手法最为成功的案例。"哈哈"不仅代表心情愉悦而发出的欢快之声，还表明消费者对该商品的认同与赞美。同时"哈"字的"口"字偏旁也恰到好处地表明了商品的属性；"娃"字暗示了商品的主要目标消费群体；"娃哈哈"三字的韵母又相同，构成叠韵，读起来朗朗上口，听

起来悦耳舒适,可谓品牌名中的经典之作。此外,Kodak 不是一个普通的英文单词,也不是来自某个词,是一个没有意义的字母组合。品牌创始人伊斯曼曾说他选择这个词是"因为字母 K,我比较喜欢,它似乎有强有力、锋利的意思。因此我要求必须以 K 开头。这样剩下的问题就是尝试大量的字母组合使词的第一和最后字母都是 K"。的确,字母 K 的发音清脆、响亮,同时带给人们的就是 King 和 Power 的象征。后来人们也认为,"Kodak"还是个象声词,就像照相机快门的咔嗒声。此外"K"字母是伊斯曼母亲家族姓名的第一个字母,因此这个品牌名是集合了音美与意美于一体的范例。

由于不同商品的内涵属性不同,这就要求不同的字体与之相配合,旨在更好地将产品信息或企业名称信息生动地传播出去,从而有利于扩大其知名度。如化妆品类的品牌标志多用纤细、秀丽的字体,以显示柔美秀气的内涵;手工艺品类的品牌标志多用不同感觉的手写体,以表现手工艺品的艺术风味或古典情趣;儿童食品与玩具,其品牌标志多用充满稚气的活泼字体等。除却在品牌名字形等设计方面的要求外,从品牌名用词的铺成排列方式来看,其形美则更多注重形式上的对称美,从视觉上给消费者带来美感,见表 4-2。

表 4-2　品牌名实现形美的手段

<table>
<tr><th>AA 型</th><th>AAB 型</th><th>ABA 型</th></tr>
<tr><td rowspan="3">唯唯(豆奶)
露露(饮料)
旺旺(食品)
开开(服饰)
太太(口服液)
亲亲(膨化食品)
洽洽(瓜子)
杉杉(服饰)
TATA(鞋)
idoido(女装)</td><td>太太乐(鸡精)
酸酸乳(奶制品)
陶陶居(餐饮)
步步高(电器)</td><td rowspan="3">楼外楼(酒楼)
山外山(酒家)
皇上皇(食品)
盖中盖(保健品)
OMO(洗衣粉)
OXO(卫浴品牌)
MAXAM(牙膏)
VOLVO(汽车)
COFCO(粮油)</td></tr>
<tr><td>ABB 型</td></tr>
<tr><td rowspan="2">顶呱呱(服饰)
香飘飘(饮品)</td></tr>
<tr><td>Piyo Piyo(儿童服饰)
Bala Bala(儿童服饰)
Johnson& Johnson
(简称 J&J 或 JNJ,医药)</td><td></td></tr>
</table>

汉语品牌名常借助叠词或者特殊结构的词如表 4-2 中的亲亲(膨化食品)洽洽(瓜子)、杉杉(服饰)等。英语品牌名常借助 AAB、ABB、ABA 的结构,如 OXO(卫浴品牌)、VOLVO(汽车),类似汉语中的回文修辞手法来凸显品牌名的形美,具有很强的视觉美感,让人印象深刻。

品牌名的意美主要体现在其所蕴含的文化内涵,比如有些品牌名源自该品牌的创始人,有的则源于该品牌的原产地或引发美好联想的地名,有的则是臆造词,突显其标新立异之美。见表 4-3。

表 4-3 品牌名实现意美的手段

源于地名	源于创始人或发明人的姓氏	源于臆造词
Avène	Goodyear	Biotherm 碧欧泉(化妆品)
Evian	Ford	Maybelline 美宝莲(化妆品)
Vichy	Prada	Rolex 劳力士(手表)
LANCOME	Patek Philippe	Contac 康泰克(药品)
Longines	Vidal Sasson	Cuccess 臣功(药品)
Shangri-la	Gianni Versace	Kompass 康百世(机械仪器)
	Calvin Klein	Up2U 由你(化妆品)
	Pierre Cardin	Nufarm 新农(农药)
	Rolls-Royce	
	Estee Lauder	

如表 4-3 中 LANCOME 这一名称构想来自法国中部的一座城堡 LANCOSME。另外,由于“兰蔻城堡”的周围种植了许多玫瑰,充满浪漫意境,于是玫瑰花成为兰蔻品牌的象征。品牌创始人 Armand Petitjean(阿曼达·珀蒂让)认为每个女人就像玫瑰,各有其特色与姿态。于是就以城堡命名品牌,玫瑰则成为 LANCOME 的品牌标志。

Shangri-La 源自于美国著名作家詹姆斯·希尔顿所创作的《消失的地平线》,在藏语中为“心中的日月”之意,是“世外桃源”的意思。之后“香格里拉”成为香港上市公司香格里拉(亚洲)有限公司的品牌,酒店的选址也遵循有山必傍山,有水必依水的原则,极尽体现风光秀丽,景色宜人之美,成为酒店品牌中的翘楚。

Maybelline(美宝莲)的品牌口号为 Maybe she is born with it, Maybe it is Maybelline (也许她天生丽质,也许是用了美宝莲。),该品牌名的诞生与其创始者美国化学家威廉姆斯(T. L. Willams)的妹妹一段感情经历有关:他为了帮助妹妹美宝(MABEL)赢得她男友的心,当时,美宝的男友切特(CHET)恋上了另一个女子。威廉姆斯混合了凡士林胶和炭粉,调制成一种能使睫毛变得黑密动人的膏体,这就是世界上第一支睫毛膏。之后,切特被美宝充满魅力的双眸所吸引,两人终成眷属。1915 年威廉姆斯成立了公司,将他妹妹名字和凡士林的英文拼写组合在一起,把公司命名为美宝莲纽约(Maybelline)。

再如 Rolex,作为手表品牌中的佼佼者,其别出心裁的构词法,也为其品牌的传播起到了不可忽视的助力作用。Rol 与 rolling 同音,暗指"运转"之意,ex 又有 excellent 之意,表达产品品质非凡。

Contac 则取了 continuous action (持续作用)之意,意在表明该药物作用持久有效,治疗效果显著。Up2U 由你(化妆品)是 up to you 的谐音,彰显其产品的超强性能,同时向产品使用者传递颇具主张自我、特立独行的美妆风格。

Nufarm 新农(农药)新造词采用音意结合的方式,nu 为 new 谐音,farm 则关注产品属性,避免了与常用词重复,确保该品牌名的独创性。

音美意美形美是汉英品牌名的共性,但由于汉英语言与文化系统迥异,汉英品牌名在命名过程中依然存在巨大差异,总体而言存在以下三方面区别:

一、汉语品牌名重"意象",英语品牌名重"音形"

以动物名称或植物名称做品牌名为例,如英语中会用 caterpillar(毛毛虫)作为履带式拖拉机的品牌名,看中的是两者形式上的相似之处;同样,美国有家长途汽车客运公司以一种擅长奔跑的 greyhound(灰狗)作为其客车品牌名。毛毛虫与灰狗尽管意象不美,但形象绝佳,让人过目不忘。在汉语的品牌名中,类似毛毛虫和灰狗的形象是断然不可能成为品牌名,同样是长途客车,汉语的品牌名选择的是"金龙""快鹿"等意象美好的事物。另外,岁寒三友“松竹梅”，国色天香“牡丹”等的意象也常常受到消费者的欢迎，汉语中将这些事物名称做品牌名的也不在少数。然而，驰名全球的碳酸饮料 Coca Cola 只是两种名不见经传的植物，本身并不是具有美好意象。

二、汉语品牌名重“雅”，英语品牌名重“实”

于 1915 年荣获巴拿马万博会大奖的扬州古老化妆品品牌“谢馥春”是中国第一家化妆品企业。其历史可追溯至清朝，创始人谢宏业取“谢馥春”为店名，“谢”为姓，汉语中有凋零衰败之意，故加“馥春”二字，“馥”字意为馥郁芬芳，并与“复”字谐音，与“春”字相连，暗含该品牌化妆品使用者青春永驻。该品牌在命名过程中着实体现了汉语品牌注重“雅”的本质。

英特尔 INTEL 是半导体行业和计算创新领域的全球领先厂商，创始于 1968 年。英特尔公司最初的名字为摩尔诺伊斯电子公司（MOORENOYCE）是以两位联合创始人的名字进行的命名，即戈登·摩尔（GORDON MOORE）和鲍勃·诺伊斯（BOB NOYCE）的。但是英文里 MOORE NOYCE 听起来与 MORE NOISE（吵吵嚷嚷）非常相似，加之去注册登记品牌名时，发现这个名字已经被一家连锁酒店抢先注册，由此可见在英语品牌名的命名中，采用品牌创始者名字的惯例由来已久。之后，他们采用了“英特尔（INTEL）”这一名称。INTEL 源自于英文单词“智慧”（INTELLIGENCE）的前半部分，同时又与英文的“集成电子”（INTEGRATED ELECTRONICS）很相似，至此这个简单却响亮的品牌名就此诞生，可见英文品牌名命名中更注重产品的实际属性。

三、汉语品牌名重“名”，英语品牌名重“义”

中国传统文化里，人们对负有盛名的人或物都会产生崇敬心理。历史上的名人在人们心目中享有极高的声誉与地位。中国的名山大川，都是人们心之神往的地方。汉语品牌名中常借助“名人”来彰显品牌品质，如酒类品牌中的“杜康”“孔府宴酒”；中药品牌中的“仲景”等。以名川大山、知名景点命名的汉语品牌更是不胜枚举，如“泰山”“上海”等用于多种产品，有“上海”牌香烟、“上海”牌手表。商家在选择汉语品牌名时，常常更注重采用消费者耳濡目染的“名人名物”，以此提升品牌名称的“名气”。

西方文化体系中，人们奉行“个人崇拜”，让人们感动并为之敬佩的是身边实实在在的人或物，因此很多品牌名就直接采用创始者的名字，比如世界十大奢侈品牌名有九个是以创始人或其家族成员的姓氏来命名的，这一特点明显区别于汉语品牌名的命名方式。不同于汉语品牌名喜用“名山大川”的方式，英语品牌名会用某条乡间小道、创始者故乡名不见经传的小溪或小河。比如诺基亚（Nokia）来自当地一个小镇的名字（Nokia），而这个诺基亚小镇的名字来源于一条流经这个小镇的一条叫 Nokia 的河流；万宝路（Marlboro）香烟品牌则是其工厂旁边的一条小马路的名字；宜家（Ikea）是创始者人名 Ingvar Kamprad 的首写字母（IK）和其家乡的农场名（Elmtaryd）首字母、村庄名（Agunnaryd）首字母共同构成。

第二节 品牌名翻译原则与策略

鉴于汉英品牌名的文化内涵和审美情趣的异同，在翻译品牌名的过程中，译者应灵活采用翻译方法，使译名彰显品牌名的音美、意美和形美，同时突显品牌特性。

一、音美意美形美，赏心悦目

译名若能实现音美意美形美，则可谓上乘之作，如 Coca Cola（可口可乐）兼顾音形意三美。虽然“三美”兼备很难做到，但力求“两美”或“一美”是译者需要实现的目标。音美有助于品牌名传播，音译法、音译结合意译法、省音法等是常见的实现音美的翻译方法，具体可参考表 4-4。

表4-4 常见采用音译意译的品牌名

美的（电器）	Midea	瑞星（杀毒软件）	Rising
九阳（小家电）	Joyung	西泠（电器）	Serene
国美（家电销售商）	Gome	乐凯（胶卷）	Lucky
万科（房地产）	Vanke	琪珂（鞋）	Chic
雅戈尔（服装）	Youngor	回力（运动鞋）	Warrior
苏泊尔（家用电器）	Supor	吉利（汽车）	Geely
Quick（药品）	快克	Unilevel（日用品）	联合利华
Avon（化妆品）	雅芳	Canon（相机，复印机）	佳能
Goodyear（轮胎）	固特异	Benz（汽车）	奔驰
Tide（洗衣粉）	汰渍	Nippon（油漆）	立邦
Pantene（洗发水）	潘婷	Budweiser（啤酒）	百威
Contac（药品）	康泰克	Lipton（饮料）	立顿

如“美的”品牌，英译没有采用拼音直接音译，而是创造性地将M的音与idea的意结合起来，既保留“美”的音，又富含创意之内涵，可谓上乘之作。同样，作为知名家电销售商“国美”，用“Go Me”代表“到我这里来”的含义，表达了国美热情欢迎消费者的到来之意，拉近了企业与消费者的距离，另外其英文名发音也与中文相似。地产知名品牌“万科”的英译名没有直接采用拼音，因为拼音wanke与英文中的wank拼写非常接近，容易带来不好的联想；Vanke则不仅在发音上类似，而且在词意上能让消费者产生美好的想象，因van在英文中有开拓先锋的含义，意指该品牌将在该行业起到引领作用，昭示其做大做强的信心。与之类似的案例还有“瑞星”杀毒软件品牌，在其英译文中采用英文单词Rising，表明该品牌在杀毒软件这一领域是一颗冉冉升起的明星。再比如“回力”国产运动品牌，采用英文中的词汇worrior，谐音中文“回力”，同时又给消费者暗示，穿上“回力”品牌的运动鞋，就会拥有运

动健将和勇士的风范。国产汽车品牌“吉利”,采用英文中表达赞叹的感叹词 Gee 作为词根,不仅在发音上完美匹配中文中“吉”,更在意义层面上实现传递汽车产品价值的功效。

英文品牌名在汉译过程中也采用了音译结合意译的方法,如感冒药品“Contac”的中文名为“康泰克”,采用吉词瑞语“康”与“泰”,同时采用谐音“克”,即取攻克感冒病菌,早日康复之意。洗发水品牌“Pantene”的中文译名“潘”为音译,“婷”则向消费者传递美好的联想,提升该品牌产品的价值。另外,有些较长的英文品牌名在汉译过程中,会采用省音的译法,如啤酒品牌“Budweiser”,其中文名为“百威”,而没有采用完全音译成“百德威尔”,目的是使品牌译名更方便传播。同理,茶饮品牌“Lipton”在汉译中,也省略了“p”的音。

二、突显品牌特性,名副其实

品牌名的“今世与前生”,即原品牌名与其译名都应易于传播,彰显品牌特色,如表 4-4 中的轮胎品牌“Goodyear”,在其译名中“固”与“特”两字完全体现了其产品卓越的性能,相比直译原品牌名的词汇意义,要更符合该品牌特性,有助于该品牌在中国的推广。

谈及品牌译名突显产品特性,有两类品牌名值得关注,即化妆品和药品的品牌名,因其特殊的使用功效,特定的消费群体,在品牌名的翻译过程中要求译者更好地传递商品本身特性,以便于品牌译名易于传播,加深消费者对该品牌的印象,最终促进商品的销售。

表 4-5 中的化妆品的中文译名采用了“珀、雅、香、娇、韵、倩、碧”等词,这些汉字在中文中都与女性有关,往往能产生美好的联想。由于汉字是象形文字,其显著的特点就是字形与字义联系。汉字的表意性有利于读者形成“形—义”的直接联结,有利于读者产生联想。因此,在汉译化妆品品牌名时,充分利用汉字的表意功能,采用易于产生美好联想的词语,抓住女性消

费者追求高雅和美丽的心理。

表 4-5　化妆品品牌名与药物品牌名

AUPRES	欧珀莱	Saridon	散利痛(解热镇痛药)
Avene	雅漾	Dalmadorm	妥眠多(精神神经系统药)
Chanel	香奈儿	Rythmodan	异脉停(循环系统药)
Clarins	娇韵诗	Tagamet	泰胃美(消化系统药)
Clinique	倩碧	Isethion	益视安(眼药水)

同样,在汉译药品名时,译者应选用通俗易懂的词汇,并且做到类别清晰,兼顾消费者盼望早日康复的心理诉求,多采用吉词瑞语。如表 4-5 中的解热镇痛类药物“Saridon”的汉译“散利痛”,能让患者非常明晰地了解药物的功效。再比如,Opalescence 作为一种牙科专用洁齿剂,如直接音译为“欧配乐森司”,既不简洁,又无法传递药品特性,不利于品牌传播。创造性采用音译加意译的方法,将其翻译成“好白净”,可以让消费者容易联想到该药品“让牙齿又白又净,疗效好”。

另外,在翻译英语药品品牌名时,要反映药物的治疗功效,让患者看到药名就能了解该药品的治疗范围,常常会在药品的译名后加注,如 Dalmadorm—妥眠多(精神神经系统药),Rythmodan—异脉停(循环系统药),Tagamet—泰胃美(消化系统药),Isethion—益视安(眼药水)等。

因此,品牌名在翻译过程中,译者应尽可能地实现品牌译名的音美意美形美,使得品牌译名易读、易听、易记、易说,同时灵活采用翻译方法,彰显品牌特性,有助于品牌在目的语受众中的广泛传播。

第三节 品牌名佳译赏析

品牌名的译文不仅要易于传播，又要兼顾营销策略，突显产品特性，同时要体现不同民族的审美情趣。因品牌名的音美意美形美的特性，审美活动贯穿整个翻译实践过程。比如在女性化妆品品牌的选词上，“娜、雅、兰、宝、姿、丽、芳、蔻、碧、婷”常常被选用，这些词都是与东方女性的温柔美、端庄美相关联的词汇。以下列举若干个成功的化妆品品牌名的译例，试从译名词汇的选择窥探其广为传播背后的深层因素。

Lancome 品牌创始人认为女性就像玫瑰，千姿百态。它的命名构想来自法国中部的一座城堡 Lancosme，周围种植了许多玫瑰，充满浪漫意境。该品牌的中文译名为“兰蔻”。在中国的传统文化中，兰花是高贵的象征，为百花之英。蔻原为植物名，古人用来比喻少女，称女子十三四岁为“豆蔻年华”。从某种意义上说，“兰蔻”给中国消费者的意境美要远远胜于原品牌的涵义。

全球知名品牌欧莱雅集团旗下的护肤品牌 Biotherm 内涵丰富。Bio 指皮肤的生命，therm 指矿物温泉。该品牌的诞生地位于法国南部山区，那里有一种矿物温泉对人体肌肤有特殊功效。该品牌的中文名为“碧欧泉”，“碧”能使人联想到碧水蓝天，“欧”“泉”传递了原品牌名的诞生之地，三字结合在一起给人清新、优雅纯净之感。

Relvon 的汉译名“露华浓”更具有诗情画意。“露华浓”出自李白描写杨贵妃的《清平调》，“云想衣裳花想容，春风扶槛露华浓”，借用典故，音意并重，引发消费者高雅艳丽的美好想象。

Sunshine 品牌名原指阳光，寓指该产品崇尚自然，不依赖其他刺激性化学物质。改英文词汇不仅能使西方消费者联想到明媚的春光，宁静和谐的大自然。但若直译该品牌名为“阳光”，则会显得过于直白，无法有效体现该产品的特性。其汉译名为“尚娴”,不仅读音接近,“娴”字更能与产品性能融合,让人联想到举止优雅、亭亭玉立的少女形象。

雅诗兰黛旗下顶级化妆品品牌 La Mer 原指海洋。在中文译名中,采用“海蓝之谜”,增译的部分恰恰完美体现该品牌“护肤奇迹”和“极度奢华”的功效与内涵。另一化妆品品牌“Clinique”,原指诊所,表明该品牌具有医学的渊源,传递了创始者的理念:美丽不是只靠遗传而得,通过正确的护肤程序,即可改善肌肤状况。该品牌的汉译名为“倩碧”,这一创造性翻译真实而又传神地反映出商品的属性与效用。杜甫在《风疾舟中伏枕书怀诗》中写道:“披颜争倩倩,逸足竞骎骎。”“碧”字在《说文解字》中解释为“碧,石之青美者”。这正是体现了该产品的功效,消费者使用后个个是倩女(美丽的少女),肌肤如玉石一样光滑细嫩,因此该译名无疑会激发爱美女性的购买欲望。

香水品牌 Christian Dior 中有款名为“Poison”的产品,英文原意为“毒药”,若是采用直译的方法,恐怕这款产品将无人问津。西方崇尚野性刺激,而东方女性以贤淑为美德,因此若直译是难以为消费者所接受的。该品牌的汉译名为“百爱神”,兼顾音美,同时在措辞上也增加了美感,既尊重汉语消费者的文化习惯,又避免了文化冲突。随着中西方交流的不断深入,一些中国女性消费者也慢慢接受这款香水因其颜色而得的“绿毒”译名。再如,KissMe 的汉译名为“奇士美”,而非直译“吻我”,也是考虑到中华民族传统文化中的含蓄美特点。

不同的品牌蕴含不同的文化理念,品牌名翻译的成败关键在于译名能否符合消费者的心理和风俗习惯,能否让消费者对品牌译名产生认同感,同时乐于接受。在翻译过程中,译者要充分考虑各方面因素,灵活变通,采用有效的方法,使得品牌译名在目的语消费者群体中广泛传播,促进产品的销售。

❖实战演练❖

一、选择你认为最佳的商标品牌译名,并阐述理由

1. Lexus(汽车)

A. 凌志 B. 雷克萨斯 C. 力士 D. 仂凹

2. Avon(化妆品)

A. 艾文 B. 爱吻 C. 雅芳 D. 莎士比亚故乡的小溪

3. BP

A. 英国石油 B. 碧媲 C. BP D. 英石

4. Estee Lauder(化妆品)

A. 艾丝德珞德 B. 雅诗兰黛 C. 爱丝 D. 乐得

5. Band-Aid(药品)

A. 绷带 B. 帮敌 C. 邦迪 D. 邦迪

6. 康佳(电视机)

A. Kangjia B. Carewell C. Konka D. Kaka

7. 功德林(老字号:食品)

A. Godly B. Gong De Lin C. GDL D. Merits & Morals

8. 金龙(汽车)

A. KingLong B. KingDragon C. GoldDragon D. GoldLong

9. 百丽(鞋)

A. Belle B. Baili C. BonLee D. Beauty

10. 宏碁

A. Multitech B. acer C. Hongji D. Hongking

二、请试着译出下列商品的品牌名。

1. 金鸡(闹钟)

2. 白象(电池)

3. 飞鸽(自行车)

4. 白翎(钢笔)

5. 帆船(帆布鞋)

第五章

外贸函电翻译

第一节　外贸函电的语言特点

外贸商务活动交际需要的客观性和交际规约的必然性决定了外贸函电用语的特殊性。因此,外贸函电的行文用字、句式章法要符合本行业的规范,并具备专业特征。外贸函电的语言表达手段具有很强的专业性、实用性和规范性。除了多用专业性强、准确度高的术语和行业习语外,其最为突出的一个特点就是行文用字高度程式化,常用一些商界共同遵循的固定套语,在书信的起、承、转、合之处按常式因事布词、行文构句,"尺牍"味浓,符合行业规范(贾文波,2005:254)。

从词汇层面看,多用专业术语,用词准确,同时广泛使用缩略语。如:inquiry 询盘、offer 报盘、counter offer 还盘、time of shipment 装运期、terms of payment 支付条款、claim 索赔、agency 代理、commission 佣金、exclusive sales 包销。外贸函电中较多地运用了缩略词,主要反映在外贸专业术语、付款方式和单据缩写等词汇中。如:PO 指订单(Purchase Order),FOB 是 free on board 的缩写,D/P 是 document against payment 的缩写,B/L 是 bill of lading 的缩写,计量单位 PIC 是 piece 的缩写,B/D 是 Bank Draft 银行汇票的缩写,D/A 是 Documents against Acceptance 承兑后交单的缩写。还有一些缩写形式如 BK 指 bank、TKS 指 thanks。

从句法层面上看，被动语态不仅能通过调整语序突出语句重点，还能显得更为客观、规范，语气更加委婉，而外贸函电需要礼貌得体地、清楚地阐述事实，因此，外贸英语函电在句式上经常选用被动句。此外，作为一种书面语体，外贸英语函电需要严谨地传递出清晰明确的意思，以免有歧义，造成误解。因此，函电中经常使用成分多的复合句和并列句等长句，使表述更加条理清晰、富有逻辑性和完整性。

根据信函的内容，外贸函电一般包含以下类型：

1. 建立贸易关系(Establishment of business relations)
2. 询盘(一般的或具体的)[Enquiry(general or specific)]
3. 报盘(实盘或虚盘)[Offer(firm or non-firm)]
4. 贸易磋商(Business negotiations)
5. 有关成交(Conclusion of business)
6. 有关销售合同或销售确认书(Sales contract or confirmation)
7. 有关购货合同或购货确认书(Purchase contract or confirmation)
8. 促销信(Sales promotion)
9. 订货和执行(Order and the fulfillment)
10. 有关信用证(Letter of Credit)
11. 催证(Urging the establishment of L/C)
12. 有关装运(Shipment)
13. 保险(Insurance)
14. 索赔(Claim)
15. 提出索赔(to lodge a claim)
16. 理赔(to settle a claim)

第二节 外贸函电的写作原则与翻译原则

虽然随着技术的发展，电话和电邮等成为联系业务、交流信息、咨询答复的重要途径，但是作为书面材料的信函依然是商务活动中不可或缺的交流工具，其原因在于商务信函既可以作为法律依据，也可以作为一种正式的书面交流形式，能把问题说得更为透彻，把信息阐述得更为详细，把理由和目的阐述得更为真切，更好地促成双方的业务合作并促进合作顺利而快速地进展。

一、外贸函电的写作原则

外贸函电有以下七个方面的写作原则，通常被称为“7C 原则”，即 Clearness 清楚原则、Conciseness 简洁原则、Correctness 准确原则、Concreteness 具体原则、Courtesy 礼貌原则、Consideration 体谅原则、Completeness 完整原则。

（一）Clearness 清楚原则

清楚包括两个方面的内容，一是写信者在拟文前知道自己要写什么；二是对方收到信函时可以完全了解写信者要表达的意思，不会产生误解。

（二）Conciseness 简洁原则

简洁是指用最少的语言表达最丰富完整的内容，并且不影响信函的礼貌性。简洁使信函更加简明有力。外贸函电的格式要简明扼要，语言要通俗易懂，内容要精炼丰富。

（三）Correctness 准确原则

商务英语的信函与买卖双方的权力、义务、利害关系、企业形象等息息相关,是制作各种商业单据的依据,以及进行商业活动往来的重要凭证。准确无误是商业英语信函写作中最重要的原则。准确原则不仅仅指单词拼写、标点符号无误,语法使用、结构格式正确,还应确保信函所涉及的信息、数字、事实准确无误。

(四)Concreteness 具体原则

具体原则是指信函中涉及的内容要言之有物,信息要详实具体、丰富生动,表达要完整。商务信函写作中注意避免类似:soon, at an early date, good, nearly 等笼统的、含混不清的表达。

(五)Courtesy 礼貌原则

具体的礼貌原则基本包括这样几个方面:遵守国际商务往来惯例;尊重对方风俗习惯;语言表达要客气有分寸,避免使用命令口气;多用友好、肯定的语气,尽量用委婉语气指出对方不尽人意的地方,回信要及时。

(六)Consideration 体谅原则

体谅是指以对方利益为出发点,站在对方的立场周到、细致地考虑问题,以便得到对方的好感而达到预期的目的。体谅原则是商务交往中为了促成交易使用的一种技巧。

(七)Completeness 完整原则

一封完整的商业信函应该是对对方提出的问题逐一回答而且对自己要表达的重要信息说清楚。信函的完整性有助于建立良好的企业形象,节省双方的商务往来时间从而达到预期的效果,避免因重要信息不全而引起不必要的纠纷。

程式化特征在外贸函电中几乎随处可见,不少情况下,译者往往只需将想要表达的内容往一些相沿成习的套语和固定程式上一套,即可成文,这样做非但不显生硬,反倒更合行情,更能适应商务交往的特殊要求,行内人一看就明白,可免去许多不必要的麻烦和周折,有利于行业内的业务交往(贾文波,2005)。

二、外贸函电的翻译原则

鉴于外贸函电在信息交流和传递上的特殊性以及中英文在表述习惯上的不同,在进行汉英翻译时应该采用以下几个原则。

(一)把握格式

中英文商务信函在格式上具有一定的差异,尤其是开头和结尾方面,在翻译时需要特别注意。

【原文】

尊敬的先生:

感谢你方 2021 年 3 月 15 日的促销函和手册。

我们对贵公司新产品很感兴趣,相信会在中国畅销。请向我方提供商品价格、销售条件的详细情况,以及用不同材质制成的样品。我们希望你方提供有竞争力的报价,以做成这笔业务。

如即赐复,不胜感激。

进出口部经理

李明　谨上

2021 年 4 月 8 日

【译文】

April 8th,2021

Dear sir,

Thank you for your promotional letter and brochure dated March 15th,2021.

We are very much interested in your new products and believe that there is a promising market here in China. Kindly send us further details of your prices and terms of sale and also samples of different qualities of material used. We ask you to make every effort to quote at competitive prices in order to secure our business.

Your early reply will be highly appreciated.

Yours faithfully,

LI Ming

Manager of Import & Export Dept.

以上是一封询问新产品价格等情况的询盘函。信中首先感谢对方的致函,随后表达了对其新产品的浓厚兴趣,并客气地请求对方提供价格、销售条件、产品样品等细节。信的篇幅不长,但清楚、明确、客气地提出了自己的要求,措辞准确,语言正式。在格式上,日期的格式和位置、称呼、结语都做了相应的调整,符合译入语的习惯。

(二)用词恰当

【原文】相信贵方会按期发货,因迟误势必给我方造成很大不便和经济损失。

【译文】We trust you will see to it that the order is shipped within the stipulated time, as any delay would cause us no little inconvenience and financial loss.

【原文】若贵公司能将空运提单与所有装运单证和即期汇票附在一起,本公司将予以承兑。

【译文】If you attach the air way bill to all of the shipping documents together with a sight draft, we will honor it.

上述两例中,第一例中的"很大不便"译作英文时并没有直译为"great inconvenience",而是译作了"no little inconvenience",显得语气委婉,口气柔和,容易为对方所接受。第二例中的相关专业术语"空运提单""装运单证"、"即期汇票"也都采用了英文中的准确对应,在措辞上都表现得准确恰当。

(三)句法规范

【原文】兹确认我方今天发出电报装运通知,并通知贵方,本公司已装运贵方订购的5000吨铁屑,经由太平洋号货轮于5月20日载离此处。

【译文】We are pleased to confirm our cable shipping advice for today, and inform you that we have shipped you 5,000 tons of iron scrap per M/S Pacific leaving here on May 20.

本例中,中文里的"兹确认"属于商务信函套语,译作英文时转换成了"We are pleased to",这是非常规范的处理方法。同时,原句较长,也包含较多信息,译作英文时使用了从句和介词短语等,符合英文信函的句法特点。

(四)注意细节

商务信函注重实事求是,尤其是涉及商务往来的数量、日期、价格、金额、规格、代号、保险方式及金额等细节时,都应该特别注意,翻译中绝不能疏漏马虎,也不能模棱两可。

【原文】材料质量在各方面都令人满意,我方客户也很喜爱此种手帕,但贵方价格却比其他厂家高很多,若能给予3%的折扣,我们现确有一份3 000条第456号货品的订单。

【译文】The quality of the material is satisfactory in every respect and our customers like the handkerchief. The prices, however, are much higher than those of other manufacturers. We have one sure order for 3,000 pieces of No. 456 if you can allow a 3% discount.

(五)语气贴切

商务信函不仅要严谨规范,而且要礼貌得体,在翻译时一定要注意语气上的对等。

【原文】承蒙贵方6月15日来函,提出我方可以作为代理处,代售贵公司办公家具,谨致谢意。

【译文】We are obliged for your letter of 15th of June, in which you offer us the agency for your furniture.

【原文】烦请贵方尽快报伦敦离岸最低价。

【译文】Would you kindly quote us lowest price FOB London as soon as possible?

上例中，中文分别使用了“承蒙”“谨致谢意”以及“烦请”这样的词汇来表示礼貌，英文里借助被动语态“We are obliged for”和疑问句的形式“would you”及副词“kindly”这样的套语来对应，很好地保留了原文的语气。

第三节　外贸函电的常用表达翻译

汉	英
敬启者：	Dear Sir,(英)/Gentlemen:(美)注意英语标点和字母大写形式
谨上	Yours faithfully,(英)/Sincerely yours,(美)
函悉	be in receipt of…
兹复	in reply/answer to…
请告之	Please let us know…
兹谈及	referring to/as regards…
兹介绍	This is to introduce…
特此奉告	wish to inform
顺告	For your reference,[句首用语]
一收到	upon the receipt of…
承蒙好意	through the courtesy of…
容此申谢	Thank you in advance for…

大部分情况下，在汉英外贸函电中能找到功能相应的“尺牍”用语：

一、引据：来函收悉

你方 9 月 8 日来函收悉。

We are in receipt of your letter of Sept. 8.

We acknowledge your letter of Sept. 8.

Acknowledgement is made to your letter of Sept. 8.

We have for acknowledgement your letter of Sept. 8.

二、期请:如蒙……,将不胜感激

如蒙贵公司向我方提供该公司情况,将不胜感激。

We should be grateful/obliged/thankful if you should get for us some information about this company.

It would be appreciated if you should get for us some information about this company.

三、"请告之"与"谨告之"

请告之你方具体要求,以便我方另寄目录和报价表。

Please let us know your specific requirements in order for us to send you by separate mail our catalogue and quotation.

谨告之装船单证正本正通过中国银行寄送你方。

Please be advisedthat the originals of shipping documents are being sent to you through the Bank of China.

四、告示

"详见附表""随函附寄……请查收"等

我方经营多种轻工产品,详见附表。

We deal in a wide range of light industrial productsas per list enclosed.

"as per"的本意相当于"according to",是"按照"的意思,但文体上属古旧书面用语,用于英语公函,相对"according to"而言,显得尺牍味要浓一些。

当然,“详见附表”英语似乎还有其他习惯表达:

For particulars please refer to the list attached.

尽管这也是固定的套语,但在商贸英语中却不及“as per”简洁。

Details as per the attached list.

❖实战演练❖

一、请找出下列函电英译文不妥之处,并加以修改,提出相应的改译文,并说明理由。

1. 由港澳国际投资公司投资的海口电站工程因其建设速度和质量得到高度评价。

原译文:The Haikou Power Station Project invested by the Hongkong-Macau International Investment Co. ,Ltd. was highly appraised for its construction speed and quality.

2. 上海 SFECO 拥有5个控股子公司。

原译文:Shanghai SFECO Group has 5 share-holding companies.

3. 中国民生银行有限公司。

原译文:China Minsheng Banking Corporation,Ltd.

4. 项目中标之后,我们将立即开始前期准备工作。

原译文:After the bid is awarded,we shall immediately start our advance-phase preparation.

5. 欢迎您参观我们交易会。

原译文:Welcome you to visit our fair!

6. 我公司出口工业产品、化工产品、医药等。

原译文: Our company exports industrial products, chemicals, medicines and etc.

7. 我们将委托贵公司作为我公司在毛里求斯的业务代理。

原译文：We hereby entrust your company to be our business agent in Mauritius.

8. 本合同签订之后，签约双方中任何一方不得将合同内容泄露给第三方。

原译文：Any of the two parties can not divulge the contents of the contract to a third party after the conclusion of the contract.

9. 在双方签约之后，各方将严格遵守本协议。

原译文：After this agreement is signed by the two parties, all parties shall strictly abide by it.

二、请将以下外贸函电常见句型翻译成英文。

1. 我们从商会得知你公司有意购买大量红茶。

2. 如果你认为我方价格合理，请与我方联系。

3. 我们将非常乐意收到你方寄来的最新商品目录。

4. 我们从互联网上得知贵公司的名称和地址。

5. 5 月 2 日函悉，按你方要求，我们作如下发盘，以我方最后确认为主。

6. 我们向你方报 50 吨冻鱼，每吨 500 美元 CIF 欧洲主要港口。

7. 我们现向你方报 500 打男式衬衫，每打 80 美元，CIFC5 旧金山，5 月装运。

8. 这笔订货在 5 月装运。

9. 本盘有效期为 3 天。

10. 本发盘以你方 5 月 23 日前复到为有效。

11. 你们的价格很合理，但装运期太远。

12. 依据您 11 月 20 日的询盘，兹报价如下。

13. 我们很高兴向你方对如下产品报价。

14. 如果您没有在 5 月 10 日前接受该报盘的话，它将无效。

15. 兹报实盘，以自本日起一周内你方复到为准。

第六章

旅游宣传资料翻译

由于全球化进程的加快,各国间跨文化交流日趋频繁,旅游作为跨文化交际的一种重要形式,在国际经济文化交流过程中发挥着积极的作用。随着中国对外开放的不断深入以及对外交流的不断增加,越来越多的外国人能够亲自游历中国,并通过多种途径了解中国丰富多彩、博大精深的历史和文化。因此旅游景点外宣资料英译质量直接关系到城市国际形象的塑造,关系到本土传统文化的国际传播。

旅游文本包括景点介绍、旅游宣传广告、旅游告示标牌、民俗风情画册、古迹楹联解说等各方面内容。旅游文本属于大众化的通俗读物,目的是让普通游客读懂看懂并喜闻乐见,从中获取相关的自然、地理、文化、风俗方面的知识。这也决定了旅游外宣文本的译文应兼具两种功能:一是传递信息,二是诱导行动,因而其语言表达必须准确、通俗、明了,富有吸引力,能雅俗共赏,利于普通外国受众的理解和接受。

第一节　汉英旅游宣传资料文体特征比较

总体而言,英语旅游文本大多行文简约,结构严谨,更多的是平铺直叙式的描述,关注信息的准确有效传达。汉语旅游文本则受语言传统习惯影响,大多采用四言八句,辞藻华丽,极尽渲染之词。因此,两者措辞习惯不同。

一、措辞习惯不同

[例1]

Mount Rainier National Park

A huge volcanic dome covered with ice and snow, it rises to 14,410 feet (4,329 meters), the highest point in the Cascade Range. Around it are valleys, old-growth forests, waterfalls, ice caves, meadows, and more than 25 glaciers. The dormant volcano is often shrouded in clouds that dump enormous amounts of rain and snow on the peak every year and hide it from the crowds that head to the park on weekends.

上文为雷尼尔国家公园景点描写：巨大环形火山口常年冰雪覆盖，灰烟腾绕；山峰周围“峡谷冰川、古树密林、飞流瀑布、沃野连绵”，好一副旖旎风光。作者却平铺直叙，用词简约明了。

[例 2] Though filled with an astonishing array of geologic wonders: geysers, hot springs, fumaroles, canyons, waterfalls, Yellowstone is perhaps most remarkable as a wildlife sanctuary. Protected here are bison, elk, bears, moose, mountain lions, eagles, trumpeter swans, and a host of other animals. The world's first national park Yellowstone covers more than two million acres (810,000 hectares) and draws thousands of visitors a year.

——Yellowstone National Park, National Geographic

黄石公园的简介亦是如此，整段文字的形容词屈指可数，而且用词简约，更多注重实际景物的直接罗列与简单描述。汉语景点介绍则爱用四言八句，用词华丽，试看以下几例：

进入山中，层峦叠嶂，古木参天；峰回路转，云断桥连；洞深谷幽，天光一线；灵猴嬉戏，琴蛙奏弹；奇花铺径，别有洞天。春季万物萌动，郁郁葱葱；夏季百花争艳，姹紫嫣红；秋季红叶满山，五彩缤纷；冬季银装素裹，白雪皑皑。

——《锦绣峨眉》

不难发现,四字结构的成语与对仗工整的行文铺排,读起来朗朗上口,给人无限美的遐想,让人心驰神往。

二、审美文化渊源差异

由于汉英分属不同的语言文化系统,社会历史背景与审美思维习惯有着巨大的差异。古希腊先哲亚里士多德主张美学的最高境界为“按照事物应有的样子去模仿”,并且这一理念早已渗透到西方文学艺术等各个领域,包括西方的现实主义、浪漫主义、自然主义等艺术流派,基本源于“模仿论”(刘长林,1990),这也意味着西方传统哲学偏重理性、突出个性的特点。相反,汉语的写作美学一直秉承“意境”,强调客观景物与主观情感的和谐统一的浑然之美:“有意境而已矣”(王国维)。因此,在描绘景物时,人们常常将具象的景物赋予了抽象的人格与情感,情景相融,虚实相生,所谓“一切景语皆情语”,继而在语言表达上常常人文色彩浓郁,物我一体,诗情画意,声情并茂。试看两则中英文景点介绍文:

[例 3] A true geological hot spot, this national park contains two of the world's most active volcanoes. Measured from the seafloor, broad Mauna Loa is the tallest mountain on Earth, and Kilauea continues to spew and spit, constantly reforming the landscape around it. Magma vents on the seafloor send lava shooting to the surface, erupting into molten streams that flow straight into the Pacific, forming new land as they cool. Visitors can hike on lava trails and see firsthand the forest regeneration that takes place constantly here. Scenic drives also wind through the Ka'u Desert and a rain forest, home to a rich concentration of Hawaiian birds and other wildlife.

——Hawaii Volcanoes National Park, National Geographic

峨眉山以优美的自然风光、悠久的佛教文化、丰富的动植物资源、独特的地质地貌而著称于世。素有“峨眉天下秀”的美誉。唐代诗人李白诗曰:“蜀国多仙山,峨眉邈难匹。”明代诗人周洪谟赞道:“峨眉之秀甲天下,何须涉海寻蓬莱。”当代文豪郭沫若题书峨眉山为“天下名山”。古往今来峨眉山就是人们礼佛朝拜、游览观光、科学考察和休闲疗养的胜地。

——《锦绣峨眉》

夏威夷火山国家公园的描述,具体景物组合,平铺直叙,加之严谨的句式结构,无须抒发情感,读者自然感受到从海底测量的地球上最大火山群,莫纳罗亚火山在喷发后的壮观景象。峨眉山的美景除了首句的介绍与末句的总结外,引经据典,四言八句,无不充满意境美和音韵美。

第二节　旅游宣传资料汉英翻译常见问题剖析

英汉景点介绍的行文措辞与审美习惯方面的差异对翻译产生了极大的挑战。事实上,旅游外宣资料的英译需求日益增大,但翻译质量差强人意,翻译问题屡见不鲜。以下就旅游宣传资料翻译中常见的翻译问题,如文化层面问题与语言层面问题做出剖析。

一、文化层面翻译问题剖析

(一)重要人名、地名、朝代和专有名词的误译

[例 4]　对宁波帮起于唐宋、承于明清、转于民国、合于当代的发展史做了提纲挈领的阐释;概述宁波帮在几个重要发展时期。

原译:This hall gives an essential explanation of the development history of Ningbobang, which arose from Tang-Song period, grew up in Ming-Qing time, broke over in the Republic of China days and integrated with each other during the modern times.

——宁波帮博物馆介绍

原文中出现了中国历史上几个重要朝代,这些时间节点用来描述宁波帮的起源时间与发展壮大的阶段。原译文采用音译,译文读者无法理解这些带有汉语文化色彩和历史背景的重要信息,因此需要加上必要的注释。比如唐宋明清的公元纪年可以在音译之后加括号备注。试看改译文:

改译:This hall is devoted to a brief explanation of the development history of Ningbo confraternity, which came into being during Tang-Song period (BC618—BC1279), and flourished in the contemporary era.

改译文中在唐宋历史朝代后增译了公元纪年,省译了明清与民国,原因在于原文重点在于通过历史朝代说明宁波帮的起源时间,之后随着时代变迁,发展至今蓬勃壮大。若将后续"承于明清、转于民国"照直译出的话,不仅累赘,还给译文读者的理解造成困扰。因此改译文中将其处理为"and flourished in the contemporary era",简明扼要概括了宁波帮的发展时间。通过注释性增译,译文读者能更有效理解原文信息,达到外宣效果。

(二)四字结构、修辞手法的误译

汉语旅游文本行文用字大多采用工整对仗、四言八句形式平行对偶结构,意在渲染诗情画意,文笔华丽带有浓厚的主观抒情色彩。

[例 5] 该馆从"走出宁波""在大时代中""驰骋'十里洋场'""走向世界""血脉同根"五个层面展示了宁波帮从众多商帮中脱颖而出,并在20世纪四五十年代以后,海外宁波帮与新兴的内地宁波籍人士融合为新型的现当代宁波帮,再创辉煌的历史。

This hall shows you the hardships experienced by the Ningbobangwho stood out of so many business fellowships through "Step out of Ningbo" "Struggle in Grand Ages" "Full Play in Contemporary Shanghai" "Move towards the Oversees" "Return to Homeland", And, from 1940s to 1950s, they integrated into one stronger group from overseas Ningbobang and local newly developing Ningbo people.

原文中的展馆内容即每部分的名称等黑体部分均采用了四字结构，显示在翻译过程中无法再现原文中的四言八句式的对仗工整。原译文中将这些结构照直译出，在词性方面未作改动，亦步亦趋，忠实有余而流畅不足。试看改译文：

改译：This hall displays the historical development of Ningbo confraternity through five sections, respectively named "Leaving Ningbo", "Struggling in Grand Ages", "Flourishing in Contemporary Shanghai", "Going global", "Returning to Homeland", which depict that it, standing out among other confraternities, has been integrated into modern and contemporary Ningbo confraternity from overseas Ningbo confraternity and burgeoning inland celebrities from Ningbo since 1940s-1950s.（宁波帮的译文将在后文中详述。）

改译文中，首先将各个展区名称用动名词结构译出，之后通过非限制性定语从句的方式，将原文的两层含义有机结合，即宁波帮的发展历程与现当代宁波帮的组成结构。运用多种英语句式和语言表现手法，使得译文更符合目的语读者的阅读习惯，实现译文信息传达和感召功能。

［例6］ 宁波帮博物馆以中国近代经济史上重要的商帮——宁波帮为展陈对象，以优秀的商道财智、桑梓情怀为展陈内容，以传承、弘扬宁波帮精神为展陈宗旨，借以通过营造"情感地标、精神家园"，倡导寻根谒祖、慎终追远的人文主题。

原译：Ningbobang Museum is aiming to advocate the humanism theme of commemorating and following the great pioneers through exhibiting the business intelligences and native feelings of them, the most famous business fellowship who are active in China modern economic history in Ningbo. And, the museum is to promote and carry on the Ningbobang spirit by establishing the affectionate landmark and spiritual homestead of Ningbo people.

原文中的四字结构的短语工整对仗,读起来朗朗上口。多种修辞手法包含其中,如“桑梓”借指故乡;把宁波帮博物馆比作“情感地表”和“精神家园”。原译文几乎按照中文的语序照直译出,没有考虑到中英文在句法层面的差异;另外,对修辞手法的处理也过于机械。

改译:Establishment of Ningbo Confraternity Museum, the spiritual homeland, aims at advocating the humanistic theme of commemorating and following the great pioneers, namely Ningbo confraternity, playing a significant role in modern economic history of China through numerous exhibits, which display their intelligence in business philosophy and enthusiasm for their native place.

首先,改译文打破原有句子架构,将原文的中心涵义通过重组和释译的方式,运用多种语言手段,如现在分词 playing a significant role in modern economic history of China 修饰宁波帮,非限制性定语从句连接展陈内容与展陈目的两部分内容。同时将“情感地标”和“精神家园”处理为 the spiritual homeland 作为宁波帮博物馆的同位语,避免在英译文中的语义重复。

[例7] 宁波帮博物馆是一个有着浓厚地域人文色彩的专题博物馆,顺应主题的群像特征,整体建筑呈现为一个整合的群。在总体布局上,南面的博物馆主体与西北面的会馆围合“三江汇流”场景,结合成一个同结构的建筑群。建筑肌体通过结构化的网络系统发展生成,使用空间结构与庭院系统穿插咬合,江南河埠头、杆栏式戏台等宁波元素镶嵌其中,在建筑主轴的统领下,形成空间丰富、肌理清晰、形体错落的“甬”字形状的建筑群体。

原译:As a monographic museum with rich regional and humanistic flavor, Ningbobang Museum is a perfect artwork of the suite construction which is greatly coincident with the flavor in the museum. As a whole, the layout of the museum is all around the scene of “three rivers flowing together”, the main structure of the southern part and the guild hall in the northwest constitute an isomorphic architectural group. Commanded by the principle building, the architectural organism developing from structural grid system is of abundant space, distinct-textured skin and well-arranged structure, which is like the Chinese character "甬", the short name of Ningbo when looking down. Remarkably, the buildings interweaving the space and courtyard fully exhibit the elements of Ningbo, such as wharves in the south of the Yangtze River and still-style stage.

原文讲述宁波帮专题博物馆的建筑特点,用词准确,行文工整优美。"建筑群""建筑肌理"等科技性词汇体现了语言的准确性,另外在描写建筑结构特征时也不乏四字结构的词汇,显示宁波帮博物馆建筑的美感。原译文然是字面"忠实"有余,通顺不足,同时还存在逻辑不通,语法错误等。

改译:As a (thematic) museum with rich regional and humanistic characteristics, Ningbo Confraternity Museum shows the main theme of the exhibitions through its construction. On the overall layout, the scene of "three rivers flowing together" (Yao River, Fenghua River and Yong River in Ningbo) is presented by the main structure in the south and the guild hall in the northwest, which constitute an architectural group with the same structure. Composed of structural body and chief axis, the whole museum, with local flavor, namely the architectural elements of Ningbo, such as courtyard, pier, and stage of Jiangnan (referring to southern part of Yangtze River) style, boasts abundant space and well-arranged structure, forming the Chinese character "甬" (the short name for Ningbo) when overlooked.

改译文抛开中文的思维模式,重组原文信息,突显三江汇流的场景复现特色,增译了包括三江口、杆栏式戏台等宁波元素的实际含义,以及汉字"甬"的解释,增译的 when overlooked 更符合实际情况,因博物馆在俯瞰时呈现汉字"甬"的形式。同时,省译了四字结构语义重复的部分,使得译文整体信息传达准确,语言表达更符合译文读者的阅读习惯。

(三)文化负载词的误译

由于英汉语读者的社会历史背景、心理认知环境的差异,所以在英汉语中有着大量的文化负载词的出现。

[例8] 李,自古被称为"五果之首",我国大部分地区均产,3月中下旬开花,7—8月间成熟。

原译:Plum has always been known as the "fruit of the first five",most areas of our country are produced,3 months late flowering,7-8 months of mature.

原文中的"五果"是指《内经》所倡导的饮食原则中有"五果为助",所述五果实指枣、李、杏、栗、桃。若像原译文只翻译成fruit of the first five,恐怕译文读者不知所云。

改译:Plum has enjoyed the highest glory among the Five Fruits that consists of date, plum, apricot, chestnut and peach, which blooms in March and matures during July and August.

改译文无论是从简单增译五果内容,还是语言表达方面都符合译语受众的阅读习惯和英文行文的表达方式。

[例9] 这些北方移民崇文重教,创书院,建义塾,刻板印书,延请鸿儒讲学论道,不仅丰富了本地文化内涵,也开创了兴学重教之风。

原译:Because these northern migrants worshiped culture and education, they built school houses and private schools, printed books, and invited knowledgeable scholars to give lectures and elaborate on Tao' sm. All these activities not only enriched the local culture, but also pioneered customs of valuing study and education.

改译:Because these northern migrants worshiped culture and education, they built academy of classical learning and private schools charging no tuition, printed books, and invited knowledgeable scholars to give lectures and share great principles of life. All these activities not only enriched the local culture, but also pioneered customs of valuing study and education.

例9的原译中，有两处明显为中式英语的翻译，仅在目的语中找到简单的独立词语组合而成，全然不顾其中的意义所表，同样也是属于机械对应导致的翻译失误。第一处，源语言“创学院，建义塾”意为“建立学院给百姓创造可以读书的地方，设立免费的私塾供人学习”，所以改译中“built academy of classical learning and private schools charging no tuition”能更好地传达源语言所要表达的意思。第二处，源语言中“延请鸿儒讲学论道”此处中的“道”并非道家学派所倡导的“道”的思想，并且当时东阳地区盛行儒家学派，倡导“入世”“事攻哲学”，而非道家所倡导的“出世”“超越世俗，因任自然”。所以此处原译将其译为“Tao'sm”显然不合理，此处的“道”应为“大道理”“人生准则”之类的意思，所以改译中将其意为“share principles of life”更合理。

二、语言层面翻译问题

(一)词意选择有误

在旅游资料的汉英翻译过程中，词意的准确选择是至关重要的基础，尤其是对一些专有名词、文化负载词等的理解，如何正确理解原文，准确选择译文词汇，是摆在译者面前重要的课题。

[例10] 宁波帮成就专题展区

宁波帮博物馆位于宁波市镇海区，地处杭州湾跨海大桥的南端，舟山连岛大桥的终点，占地70亩，建筑面积2.4万平方米，2009年10月22日建成开馆。

原译：Special Exhibition Area for Achievements of Ningbobang

Standing on the end of Zhoushan Islands - connecting Bridge and the southern end of Hangzhou Bay Sea-Crossing Bridge, Ningbobang Museum opened to the public on 22nd Oct. ,2009 in Zhenhai district of Ningbo City with a total area of 70mu and total construction area of 24,000 sq. m.

改译：Located in Zhenhai district of Ningbo City，Ningbo Confraternity（Pinyin：Ningbo Bang）Museum，with a total area of 46，667 sq. m. and a construction area of 24，000 sq. m.，opened to the public on 22nd Oct.，2009. It is a thorough fare to the other places，situated on the end of Zhoushan Over-sea Bridges and the southern end of Hangzhou Bay Sea-Crossing Bridge.

原文中的宁波帮直接音译为 Ningbobang，译文读者除了根据英文的发音规则拼出其发音外，宁波帮的真实含义无从理解。尤其在以简约行文为特点的英文旅游资料中，冗长的加注会加重外国游客的阅读理解负担，进而影响外国游客的旅游兴致。宁波帮是宁波商帮的简称，是中国近代最大的商帮，中国传统“十大商帮”之一，推动了中国工商业的近代化，为中国民族工商业的发展做出了贡献。究其实质，宁波帮是一个商业人士的联盟团体，若只用拼音 bang，英文中这个单词是砰然作响的意思，不足以表达商帮的概念。英语中 confraternity 则有团体、协会的含义，因此改译中笔者采用 Ningbo confraternity（Pinyin：Ningbo Bang），即释译加拼音直译加注的方式，更为妥帖。另外，原译文对舟山跨海大桥的理解有误，舟山跨海大桥起自舟山本岛的 329 国道鸭蛋山的环岛公路，经舟山群岛中的里钓岛、富翅岛、册子岛、金塘岛至宁波镇海区，与宁波绕城高速公路和杭州湾大桥相连接。舟山跨海大桥跨 4 座岛屿，翻 9 个涵洞，穿 2 个隧道。舟山跨海大桥由岑港大桥、响礁门大桥、桃夭门大桥、西堠门大桥、金塘大桥 5 座大桥组成，也就是说舟山跨海大桥并非一座桥。因此，在改译文中，笔者将复数的概念如实体现，即 Zhoushan Over-sea Bridges。

（二）句式结构照搬

中文属于意合语言，隐性逻辑，即句与句之间的逻辑关系不依赖于语言形式手段（如关联词等）来体现，而是注重于意义上的连贯；英文则为形合语言，显性逻辑，句与句之间的逻辑关系依靠语言形式手段（包括语法衔接，词汇衔接）来体现，注重形式上的连贯。因此，在翻译过程中，译者必须考虑句式结构的转化，而不应将原文的句式结构照直译出。

[例 11] 基本陈列：宁波帮博物馆基本陈列分为宁波帮历史综合展区及宁波帮成就专题展区两个部分，包含序厅、筚路蓝缕、建功立业、赤子情怀、群星璀璨、薪火永传 6 个章节。

原译：Exhibition Structure: Ningbobang Museum is divided into two areas, with one is to exhibit the overall history of Ningbobang while the other is the achievements exhibition area. The basic exhibition is running through six sections of introductory hall, Arduous pioneering life, Great contribution and accomplishments, Patriotic spirit, A galaxy of stars, Carrying forward the spirit.

改译：Exhibition Content: Ningbo Confraternity Museum is divided into two areas, with one exhibiting the overall history of Ningbo confraternity while the other the achievements exhibition area, including Introduction Hall, Arduous Pioneering Life, Contribution and Accomplishments, Patriotic Spirit, A Galaxy of Stars, Inheritage of the Spirits.

原文中的基本陈列作为该部分展区的名称实指陈列内容，原译文中译为 Exhibition Structure 实为不妥。再者，宁波帮成就专题展区分为两个部分的原译文 with 后的独立主格结构明显存在句法问题，加之展区名“薪火相传”在改译文中依然采用名词词组，更为妥帖。

[例 12] 该馆从“坚守民族大义”“投身民主革命”“振兴教育事业”“致力国家建设”“促进香港回归”五个层面展示了宁波帮的赤子丹心、家国情怀。

原译：This hall displays the patriotism of Ningbobang in terms of “Holding the national interest” “Joining the democratic revolution” “Vitalizing education” “Dedicating to the national construction” “Promoting the return of Hong Kong”.

改译：This hall displays the patriotism of Ningbo confraternity in terms of the following five sections, namely “Upholding the National Interest” “Joining the

Democratic Revolution""Vitalizing Education""Dedicating to the National Construction""Promoting the Return of Hong Kong".

例 12 原文中"五个层面展示了宁波帮的赤子丹心、家国情怀"在原译文中 in terms of 后缺失 the following five sections,也是属于缺乏理解英汉句式架构的区别,英文句式常常需要通过衔接手段,统摄句子含义,而中文多采用读者意会的手法,不刻意强调显化的连接成分。

[例 13] 为基本陈列的收官之笔:数代怀修身齐家治国平天下之志的宁波人,涉狂澜若通衢,将梦想变现实,铸就了意蕴深沉、气魄恢宏的宁波帮精神。这种精神薪火相传,发扬光大,必将成为宁波人不畏艰险,激流勇进,兼容并蓄,奋力开拓的原动力。

This is the last hall which shows the great, long-last spirit of Ningbobang, who is not fear of hardship, holding the deep patriotism all the time and makes dreams come true finally. Ningbo people are passing on and keeping in mind of the great spirit which can drive themselves to overcome difficulties and dangers, and make more progress and success all the time.

改译:The last hall of the whole exhibition shows the great, long-lasting spirit of Ningbo confraternity, portraying people with patriotism in Ningbo, who are confronted with hardships, but realize dreams without fear. Such spirit, which can drive Ningbonese to overcome difficulties and make more progress and success, should be passed down from generation to generation.

在例 13 中,原译文按照中文原文的句式架构,亦步亦趋地译出,显得忠实有余,流畅不足。实际上,原文中的两个句子的涵义通过"这种精神"能够在译文中有机地结合在一起,即采用定语从句的形式,将两句中文原文的内涵显化在译文中,有助于外国游客更好地理解宁波帮精神。

(三)篇章层面误译

汉语文章强调辩证思维,坚持普遍联系,整体布局,重内容而不重形式,分段的标准历来是因作者、作品而异，不统一，有较大的任意性。汉语是非形式语言，词、句、段、篇均无明显的形态标志，而且许多段落都够不上“篇式章”，注重神韵而不重形式。自上而下是一个形散意合的系统。汉语词的组句能力弹性很大。句子脉络依靠自然语序的短语铺排来体现，短语之间少用或不用关联词。因此，在形态上不存在一个主谓框架。文章中层次和段落在形态上与句子一样，结构松散，句与句的联系很少依靠关联词，而是一种内在的时间条理顺序和逻辑条理顺序把句与句连在一起，显得形散而神凝。有时一个自然段只有内容上的潜在主题，缺乏形式上的主题句，也无明显的与主题句相呼应的结尾句。

英语段落结构比起汉语段落结构要显得简单而有规律得多。通常英语段落与篇章的组织原则是一致的。即统一性，连贯性，完整性。统一性指主题单一，内容一致。连贯性指话语间相互衔接。完整性指内容和结构上的完整。如段落要有开头语（通常是主题句），有展开话题的主题句的支持句以及照应主题句的结束语。由此可见，文章的段落都有三个主要部分构成：①主题句——阐述段落的中心思想；②论证句——列举原因、范例、事实或引语来阐明中心思想；③结论句——表示段落结束，并且句子之间以致段落之间的连贯都有一定的规律可循。

［例 14］ 凯歌堂建筑本体没有一般教堂的华丽装饰，建筑物主体为地上一层用红砖砌墙，屋架为西式正同柱木构架，屋顶铺水泥瓦，外观朴实简单。其室内空间陈设也很简单，共有 60 张典雅大方的木椅，最前方特别安置 4 个大位，专供主人及特别邀请的贵宾使用，教堂内除了圣台上的讲桌、角落的风琴及天花板上几盏由夫人亲自选购的水晶灯外，并无其他特别家具。

The building was constructed in a simple western style, free of the fancy decoration often seen in churches. The minimal furnishings include an altar, a table, and a harmonium. Worshipers sat in simple wooden chairs, rather than in pews; four special chairs in the front row were reserved for theMaster, his wife, and special guests. Overhead hang crystal chandeliers that were selected by Madame. The chapel was designated a historical site in 2005. Neglected for many years, it remained in disrepair until restored by the city in October, 2007.

改译：The building, which consists of one floor with red brick wall, wooden joggle-piece as the frame and cement tile roof, was constructed in a simple western style, free of the fancy decoration often seen in churches. The plain furnishings include a table on the altar, and a harmonium. What's more, sixty elegant wooden chairs were provided for Worshipers; four special chairs in the front row were reserved for the Mater, his wife, and special guests; crystal chandeliers overhead hanging that were selected by Madame.

例 14 的改译文完全摒弃中文思维模式，采用多种衔接手段，如定语从句、what's more 等将原文凯歌堂的布置与陈列，通过逻辑衔接的方式呈现，符合受众期待，更利于原文信息的传达。

第三节　旅游宣传资料汉英翻译原则与常用策略

旅游宣传资料属于信息传递型文本，同时具有宣传和鼓动效应，即吸引游客前去观光。旅游宣传资料为游客提供旅游景点吃、住、行等各类相关信息，帮助游客了解景点人文历史，熟悉相关文化背景信息，如景点的由来、历史沿革、特点、奇闻逸事等，以此更好地服务游客，满足其需求。因此，旅游资料的翻译必须遵循准确传达原文信息，有效传播景点文化的宗旨，以此吸引外国游客，激发游客的旅游兴趣。旅游外宣资料英译过程中应遵循以下原则：①准确选择词意；②灵活变通句式；③合理重组篇章。

(一)准确选择词意

[例 15] 九寨沟集湖、瀑、滩、流、雪峰、森林、藏族风情为一体。主景区位于全长 60 多公里的山谷里。

——九寨沟风景名胜区,《世界文化遗产》

Jiuzhaigou Scenic Area encompasses lakes, waterfalls, shoals, streams, snow-capped mountains, forest*as well as* Tibetan *villages*. Most of the sceneries stretch along a valley over 60 kilometers long.

——*World Heritage in China*

[例 16] 云南有 26 个少数民族,是中国少数民族种类最多的省份。各民族的服饰、建筑、风俗、歌舞、饮食等,形成了一幅美丽的风情画卷。

Home to 26 ethnic groups—the largest number in China—Yunnan Province *offers* tourists *a cultural feast* of unique ethnic costumes, architecture, cuisine, songs and dances, and rituals.

——*Beijing Review*

例 15 中的"风情"原意为 folk customs,但显然放在译文中与"湖、瀑、滩、流、雪峰、森林"无法并列,硬译只会使得译文逻辑不清。译文中采用"village"一词,将抽象"风情"具体化,对原文的深层含义剖析到位,可谓巧妙转换。例 16 中的"风情画卷"若直译成 picture scroll,也会造成译语读者的困惑。译文中转换成 *offers* tourists *a cultural feast*,是对原文涵义的正确理解,准确选择词意。

(二)灵活变通句式

例 17:泸沽湖是一个天然内陆淡水湖,位于滇西北云南与四川两省交界处,面积 50 平方公里,海拔 2680 米,平均水深 45 米,湖中有 8 岛 14 湾和 1 个海堤连岛,湖岸植被葱郁,青山环绕,风光旖旎。

Lugu Lake is a natural freshwater lake located at the juncture of southwest

China's Yunnan and Sichuan Provinces, with an altitude at 2680 meters above sea level and an average depth of 45 meters. It covers an area of 50 square km in which there are right islands, 14 coves and a dyke, *with* green plants *thriving* on its banks.

[例 18]　洞庭湖"衔远山,吞长江,浩浩汤汤,横无际涯。朝晖夕阴,气象万千"。

译文 1:*Carrying* distant mountains in the mouth and *swallowing* the Yangtze River, *the vast and mighty Dongting Lake stretches endlessly*, *turning* brilliant in the morning and gloomy at dusk with the scenery *abounding* in changes.

译文 2:*Carrying* distant mountains in the mouth and *swallowing* the Yangtze River, *the vast and mighty Dongting Lake stretches endlessly It turns* brilliant in the morning and gloomy at dusk. The scenery *abounds* in changes.

汉英句式结构的差异意味着在翻译过程中无法直接照搬句式,必须在结构上对原文进行灵活处理,将英语中表达逻辑关系的显性成分体现在译文中。如例 17,原句是一句,译文将其拆成两句,用 It 连接两句,显示两者直接的逻辑关系;同时用 with 的独立主格结构,将句子内部的联系显化。例 18 是汉语典型的四字句铺成排列,气势连贯,意境深远。如若在译文中照搬中文的句式结构,势必逻辑混乱。因此,在译文 1 中,将"衔、吞"做伴随状语处理,确定"横无际涯"作为句子的主干;"朝晖夕阴"与"气象万千"则独立成句,尤其"气象万千"更是作为评述性总结,将全文的内涵有效表达。译文 2 结构略显复杂,相比而言,译文 1 更适用旅游文本英译文通俗易懂的特点。

(三)合理重组篇章

[例 19]　迪庆藏族自治州位于云南省西北部滇、川、藏三省区交界处,这里有冰山雪川、江河峡谷、湖泊草甸,美丽而宁静。州内以藏族居民为主,还居住着傈僳族、纳西族等 20 多个民族,长期以来,这里各民族和谐相处,创

造了独特而灿烂的文化——山川秀美、民风淳朴、历史悠久、文化丰富,与詹姆斯·希尔顿笔下的香格里拉极其相似。

Located at the junction of Yunnan and Sichuan Provinces and the Tibet Autonomous Region, *the scenery in picturesque* Diqing, filled with glaciers, deep canyons, meadows, and lakes, *remarkably resembles that of* the Shangri - La described in Hilton ' s novel. Residents here are mainly Tibetans who coexist peacefully with over 20 other ethnic groups, including Lili and Naxi groups, *thus creating* a rich and unique culture.

通常由于英汉思维模式的差异,对语篇的段落的展开方式也产生了影响。英语的段落展开方式多为演绎式,起首开宗明义,主题鲜明,后续详述佐证;汉语多为归纳式,讲究起承转合。因此,在旅游资料汉英翻译过程中,译者应适当采用篇章整合和改写的方式,尤其是在内容与形式产生冲突的情况下,译者可在不损坏原文信息传递的前提下,在译文中对原文的句序与内容呈现先后顺序做大胆的调整。如例19的译文采用了篇章整合的形式,调整原文句序,全篇按内容调整两个逻辑层次鲜明的复合句,重点突出主题信息,使译文结构更为紧凑。

鉴于上述旅游宣传资料汉英翻译原则,以下为该类文体翻译过程中常用的方法。

1. 注释性增译

[例20] (桃花源)始建于晋,初兴于唐,鼎盛于宋,大毁于元,时兴时衰于明清,萧条于民国,渐复于新中国成立后,大规模修复开发于1990年。

Taohuayuan (*the peach flower source*) was *first built* in *the Jin Dynasty* (256—439 *A. D*), *began to take shape* in *the Tang Dynasty* (618—709), *flourished* in *the Song Dynasty* (960—1297), and *went to ruin* in *the Yuan Dynasty* (1279—1386). *With ups and downs through the Ming and Qing Dynasties* (1368—1911), it was *almost abandoned in the times of the Republic of*

China (1212—1949). Its *restoration* was made *from the year* 1949 and a large-scale expansion and development began in 1990.

[例21]　山西省五台山是闻名中外的佛教圣地，境内迄今不仅仍保存着北魏、唐、宋、元、明、清及民国历朝历代的寺庙建筑47座。精美绝伦的古建艺术、稀世文物及博大雄伟的佛教文化充满了无限的神秘感。同时，五台山的自然风光亦令人陶醉，夏季清凉宜人，而一到冬天，漫天的飞雪盖地而来，整个台怀景区便成了银装玉砌的冰雪世界。

On Wutai Mountain, located in Shanxi Province, there are 47 temples built*during the seven dynasties from Northern Wei* (386—534) *to the Republic of China* (1912—1949). Splendid ancient architecture, rare relics and unparalleled Buddhist culture have all add mystery to the mountain. Its natural is also gorgeous. Cool and verdant in summer, the mountain becomes shrouded in snow and ice in winter.

由于汉英读者社会历史背景不同，心理认知环境不同，因此在汉语旅游资料中出现的大量带有民族历史色彩的信息，如若完全直译成英文，反而起不到信息准确有效传达的效果。如例20中的"晋、唐、宋、元、明清、民国、新中国成立后"等历史时期，是用来描述桃花源的发展历史。作为原文中的重要信息内容，如若仅仅直译，而未加注释，则让外国游客无法与具体的国际通用的公元纪年做出对应。因此，在此处，补充说明相应的公元纪午尤为必要。诚然，并非所有朝代等文化元素都需要做出注释，如例21中的"北魏、唐、宋、元、明、清及民国"是用来说明五台山寺庙的保存情况，在此处原文作者主要表达了年代起止时间，至于历朝历代的具体情况并未详述，因此在译文中可以将中间的朝代省去不译。

2. 修辞性省译

[例22]　她(黄河)奔腾不息，勇往直前，忽而惊涛裂岸，势不可挡，使群山动容；忽而安如处子，风平浪静，波光潋滟，气象万千。

It *tears* and *boils* along *turbulently through the mountains* and, at some place, *flows on quietly with a sedate appearance and glistening ripples*.

例22的译文与原文相对照,发现原文中的诸多四字结构如"势不可挡,群山动容;安如处子"在译文中被省译,取而代之的是将这些虚化的意象转换成直观具体的物象,避免了译文因直译而造成的臃肿堆砌与逻辑混乱。

3. 变通式重组与改写:综合运用多种翻译方法

[例23] 从晋代开始,峨眉山一直为佛教普贤道场,是中国四大佛教名山之一,距今已有一千多年的文化史。峨眉山高出五岳、秀甲天下,山势雄伟,景色秀丽,气象万千,素有"一山有四季,十里不同天"之妙喻。清代诗人谭钟岳将峨眉山佳景概为十景:"金顶祥光""象池月夜""九老仙府""洪椿晓雨""白水秋风""双桥清音""大坪霁雪""灵岩叠翠""罗峰晴云""圣积晚钟"。现在人们又不断发现和创造了许多新景观。进入山中,层峦叠嶂,古木参天;峰回路转,云断桥连;涧深谷幽,天光一线;灵猴嬉戏,琴蛙奏弹;奇花铺径,别有洞天。春季万物萌动,郁郁葱葱;夏季百花争艳,姹紫嫣红;秋季红叶满山,五彩缤纷;冬季银装素裹,白雪皑皑。峨眉山以优美的自然风光、悠久的佛教文化、丰富的动植物资源、独特的地质地貌而著称于世。素有"峨眉天下秀"的美誉。唐代诗人李白诗曰:"蜀国多仙山,峨眉邈难匹。"明代诗人周洪谟赞道:"峨眉之秀甲天下,何须涉海寻蓬莱。"当代文豪郭沫若题书峨眉山为"天下名山"。古往今来峨眉山就是人们礼佛朝拜、游览观光、科学考察和休闲疗养的胜地。

Known for a thousand years as one of the four Buddhist sacred mountains in China, Mt. Emei is hence featured by its Buddhist cultural heritages together with its diverse geographic landforms and beautiful scenery. Now many new sights have been found and developed in the mountain areas besides its ten old ones such as Elephant Bath Pond, Cave of Nine Old Men, the Hongchunping Mountain Glen, etc. Filled with weird peaks, tranquil valleys, winding roads, abrupt waterfalls, luxuriant vegetation, and aged trees as well as wild animals (especially the playing monkey groups), the mountainous scenery abounds in changes with seasons, which earns Mt. Emei the reputation of "The Most Elegant Mountain" in China and has been a resort for sightseeing, pilgrimage, health recuperation and even scientific researches of all ages.

例 23 的原文为典型的汉语旅游文本,语言表达辞藻华丽,行文惯用四言八句,诗情画意跃然纸上。若在英译文中全盘直译,恐怕外国游客很难理解其实质信息,反而发挥不了旅游文本的鼓动效果。正如前文所述,因为英汉语篇铺陈的差异,译者完全有必要对原文信息予以调整与重组,在译文中按照英语语篇的展开方式重新布局,使译文符合译语读者的阅读习惯,满足外国游客的需求。

❖实战演练❖

1. 请对下面有关悉尼歌剧院的汉译文做出批判性分析。

Inaugurated in 1973, the Sydney Opera House is a great architectural work of the 20th century that brings together multiple strands of creativity and innovation in both architectural form and structural design. A great urban sculpture set in a remarkable waterscape, at the tip of a peninsula projecting into Sydney Harbour, the building has had an enduring influence on architecture. The Sydney Opera House comprises three groups of interlocking vaulted "shells" which roof two main performance halls and a restaurant. These shell-structures are set upon a vast platform and are surrounded by terrace areas that function as pedestrian concourses. In 1957, when the project of the Sydney Opera House was awarded by an international jury to Danish architect Jorn Utzon, it marked a radically new approach to construction.

原译:落成于 1973 年的悉尼歌剧院是 20 世纪的伟大建筑之一,无论是在建筑形式上还是在结构设计上，都是各种艺术创新的结晶，在迷人海景映衬下，一组壮丽的城市雕塑巍然屹立，顶端呈半岛状，翘首直指悉尼港。这座建筑给建筑业带来了深远的影响。歌剧院由三组贝壳状相互交错的穹顶组成，内设两个主演出厅和一个餐厅。这些贝壳状建筑屹立在一个巨大的基座之上，四周是露台区，作为行人汇集之所。1957 年，国际评审团决定由丹麦建筑师丁·乌特松设计悉尼歌剧院项目，标志着建筑业进入了全新的时期。

请英译以下两篇汉语景点简介。

Passage 1

鸣鹤古镇位于慈溪市东南部，是鸣鹤——上林湖省级风景名胜区主要景区之一。景区占地 40 平方公里，主要由鸣鹤古镇、五磊山风景区、杜白二湖组成，历来以山奇水秀，古迹众多善称，素有“鸣皋风景赛姑苏”的美誉。

鸣鹤古镇建于唐开元年间，迄今已有 1200 多年历史，因虞世南之孙虞九皋而得名。“虞九皋，字鸣鹤，第进士不久而殁于京，多人哀之，称其故里为鸣鹤。”古镇规划面积 53 公顷，重点保护区 10.95 公顷，主要由崇敬堂、银号、小五房等为核心的建筑群和东大桥至沙滩桥街河两侧 50 米左右范围内的传统民居组成。

鸣鹤古镇以国药、青瓷、佛教、古建文化内涵为支撑，打造以中高端休闲养生、商务会议为核心，集观光旅游、休闲养生、人文居住、文化体验为一体的“江南首座休闲养生山水古镇”。

Passage 2

作为综合性地方大学的宁波大学，由包玉刚捐资创立，邓小平题写校名，是改革开放后第一所港资兴建的大学。宁波大学于 1985 年 10 月奠基，1986 年 11 月 26 日举行第一届开学典礼。学校的发展得到包玉刚、邵逸夫、包玉书、曹光彪、李达三、赵安中、汤于翰、顾国华、包陪庆、朱英龙等宁波帮人士和王宽诚教育基金会的大量捐助，60 多位宁波帮人士捐资兴校近 4 亿元人民币。

儒学氤氲的宁波,向来以忠信仁爱为处世原则。乡风所至,使宁波帮人士犹存家国情怀。"千朵桃花一树生",这是宁波帮最朴素的民族观;"树高千丈,叶落归根",这是宁波帮最简洁的乡情意识。在宁波帮一个半世纪的发展中,赤子丹心有史可鉴,每一代宁波帮人士,总会把自己的前途和祖国的命运紧密联系在一起,尽率献助之能力。国史历历,乡情隽永。

第七章

公示语翻译

公示语是一种较为独特的应用文体，是社会用语的重要组成部分。它是社会文明程度的标志，了解社会精神文明建设的窗口，同时也反映了生活在这个社会群体的整体文化素质、道德修养和精神面貌。要了解一个时代、一个社会、一个国家或一个城市的风貌，往往从这个时代、社会、国家或城市的语用水平中获得初步的印象（何自然，1997）。因此，公示语在规范人员社会行为，调整人际关系，提高生产效率，威慑犯罪，激情励志，优化生存质量，构建和谐社会方面意义重大。为此，世界各国政府，不同行业，营利和非营利性机构都极为重视公示语的规范和标准使用。为改善我国的汉英双语环境和人文环境，更好地服务于对外宣传与交流及经济、文化建设，全国各地展开了声势浩大的汉英双语标识语纠错活动以及相应的规范行动。许多专家、学者也加入这一行动，对汉英公示语的翻译进行了多方面的研究和探讨。从某种程度上讲，在中国，一个城市的汉英两种语言的公示语应用是否广泛，是这个城市开放程度的直接体现；应用是否规范，是这个城市国际化程度的检验；翻译是否得法，是这个城市整体素质的直接展现。

第一节　汉英公示语特征比较

公示语是一种具有信息传递和感召功能的文本，意在促使读者去行动、思考或感受，即按照文本预期的意图做出反应。

一、公示语的类别

公示语按照内容可以分为以下几类：

1. 指示性公示语(Directive Public Signs)

指示性公示语体现了公共场所对公众的信息服务水平,对公众没有限制、警示和强制意义,主要起到为公众指示方位、地点、服务等作用,比如:急救(First Aid)、旅游服务(Travel Service)、售票处(Ticket Office)等。

2. 提示性公示语(Informatory Public Signs)

提示性公示语为公众提供有关告知性信息,比如:油漆未干(Wet Paint)、正在维修(Under Repair)、保留车位(Reserved)等。

3. 警示性公示语(Cautionary Public Signs)

警示性公示语起警示作用,提醒公众需要注意的问题,如:小心轻放(Handle With Care)、小心地滑(Caution! Wet Floor)、前方有学校(School Ahead)、当心滚石(Falling Rocks)等。

4. 限制性公示语(Restrictive Public Signs)

限制性公示语限制、约束公众的有关行为,特别强调公众应当注意的事项,起告知和提醒的双重作用,比如:残疾人设施(Disabled Only)、限高3米(Restricted Height 3M)等。

5. 强制性公示语(Mandatory Public Signs)

强制性公示语要求公众必须采取或者不能采取某种行为,语言应用直白、强硬,毫无商量余地,多用祈使句,起警示、强制作用;违反者往往受到一定的处罚或者制裁,这类公示语旨在约束公众行为、维护社会正常秩序与公众安全。比如禁止摆卖(Vendors Prohibited)、严禁超车(Overtaking Prohibited)、禁扔废弃物(No Littering)等。

6. 宣传性公示语(Public Slogans)

宣传性公示语向公众传递信息或者对某一特定事件进行宣传,如2022

年北京冬奥会的主题口号为“一起向未来(Together for a Shared Future)”,“一起向未来”体现了团结和集体的力量,体现了奥林匹克运动的核心价值观和愿景,以及追求世界统一、和平与进步的目标;2010年上海申办世界博览会的申报口号是“城市,让生活更美好(Better City,Better Life)”,表明了城市化的历史潮流,也反映了人们对城市美好生活的追求。

不同类型的文本常常带有不同民族的语言文化特征,势必对翻译活动产生影响。一方面,英语和汉语表达习惯与句子结构不尽相同,汉语擅长情感抒发,主客一体,哪怕是实用性文体也常有大段的四言八句,讲究工整对仗、音节整齐、铿锵有力、富于声韵;而英语则讲究逻辑理性,主客分离,实用性文本大多不允许过多的主观色彩,重在文本信息的准确传递与简扼易记。另一方面,由于社会文化的差异,英汉民族观察、概括事物的视角不同,体现在公示语产生的效力方面。如景区中常见的公示语“文明游览,依次排队”中隐含着“依次排队是文明水准的一种衡量尺度”这一价值观。在西方,这一价值观念已经成为默认的社会规范。因此,如果不顾价值观的差异,直译为“Please be a decent visitor and queue one by one”反倒不利于交流,就译语读者而言,有点小题大做,甚至有说教之嫌,威胁到译语读者的面子。

二、英语公示语的特点

事实上,很多汉语公示语是“舶来品”,在新的时代背景下研究其汉译,使之更好地适应中国的新环境具有重要意义。那么英语公示语有哪些特点呢?

(一)祈使句和现在时态的使用

公示语的使用是为了在公众场合起到要求、提醒或者限制人们做(或不做)某事的作用,祈使句作为此类用途的常用句型,这些公示语给处在特定区域范围的公众以现实行为的提示,限制或要求。例如:站队等待 Stand in Line; 系好安全带 Fasten Your Seat Belt.

（二）标记词与常见结构的使用

The "No+..." Structure 与"The...+only" structure

英语中常用缓和有礼貌的方法来表达"严禁""禁止"等意思，如"only"等语气较为缓和的词语或"please"这样的感谢语会取而代之。例如："严禁进入草地"不会照直生硬地说成"Don't Enter Into the Grass"，而是表达为"Keep Off The Grass, Please!"。再如，在大学门口"外来车辆禁止入内"的标示语可翻译为"University Vehicles Only"，闲人禁入则可以成为"Employees Only"等。

（三）被动语态的使用

英文公示语中存在大量被动句式，这是因为在英语中被动语态有缓和语气的作用。具体表现为省去谓语动词的被动形式：The "nouns/ nominal phrases +v-ed"。例如：

Safety Glasses & Hard Hats Required!	戴好防护镜和安全帽
No Wheeled Vehicles Allowed on Moving Walkways.	严禁在自动走廊使用轮车
Dogs Not Allowed!	禁止带狗入内！

（四）短语的应用

除了文化对公示语的影响以外，两种语言本身的特点也造成中英公示语用语习惯上有很大的差别。英语语言常用名词或动名词来描述动作。在公示语中更是如此，而且往往采用"no+名词/动名词"的结构。这一结构较之"don't + 动词"更为简洁，同时也将公众的注意力集中在要求公众采取的行动上。同样常用的还有"形容词+名词 "的结构。而相对应的汉语公示语则是以主谓词组、动宾词组居多。例如：

禁止通行	No Admittance
严禁吸烟	No Smoking
油漆未干	Wet Paint
小心路滑	Slippery Road
军事设施　禁止擅入	Army Property　No Trespassing

第二节　公示语汉英翻译常见问题

公示语在公共场所使用的频率较高，为了照顾外国游客，公示语一般显示英汉双语，因此其译文质量至关重要，它显示了一个城市的对外形象。但是目前的很多地方公示语的翻译并不规范，有很多失误的地方，增加了外国游客的理解难度，不利于城市对外交流活动的开展。常见的公示语错误有以下三种类型。

（一）信息的篡改与丢失

1. 来也匆匆 去也冲冲

原译：But also in a hurry to also outraged

这则提示性公示语常常出现在公共厕所，旨在提醒使用者便后冲水。中文公示语极尽修辞押韵，委婉含蓄，朗朗上口。英文若照搬直译，势必造成误解。原译文对“匆匆”与“冲冲”的理解不当。以信息传递为主的公示语翻译，应将原文的含义在译文中体现。

改译：Flush after using

2. 请勿戏水

原译：Don't play with water/Do not play in the water

原译文只注重中英文的字字对应，却忽略了公示语简洁明了的特征以及汉语公示语的内在含义,同时忽略公示语的警示功能。与"请勿吸烟"(No Smoking)类似,套用现成的英语公示语不失为一种有效的翻译方法。

改译:Keep off the Water

3. 禁止抢行

原译:Entry prohibited

初看原译文的形式,貌似符合英语公示语的结构,采用了省略 Be 动词的被动结构,但实际上无论是含义表达,还是召唤功能的实现角度,都不能称得上是合格的译文。原文是提醒受众不要插队,要按照秩序排队候车等,因此可以改译为:In Line。

(二)语言的失当与错误

1. 禁踩黄线

Do not trample the yellow line

在公示语翻译过程中,译文词汇的选择要注意褒贬。原译中的 trample 有践踏、蹂躏、无视、蔑视和侵犯的含义,用在此处不合适。

改译:Step off the yellow line。

2. 请爱护公共卫生

Please take good care of public health

原译文几乎是字字对应,显得忠实有余,实际上无法传递原文的信息,更不符合英文公示语的简洁明了的特性。

改译:Keep clean。

3. 小心台阶

Carefully step

原译实际是表达小心地走台阶的意思,而原文则想传递"此处有台阶,行走时请注意"的意思。

改译:Mind the step。

4. 请勿在手扶梯上嬉戏

Don't play on the auto walk

原译对手扶梯的含义理解有误，这里指的是自动扶梯，汉语公示语是提醒乘客勿在自动扶梯上嬉戏，以免造成伤害。另外采用Don't形式，从语气方面来讲，过于生硬，故可借用“宠物请勿入内”(No pets allowed)的译文方式。

改译：No playing allowed on the escalator。

5. 内有监控

Inside monitoring

此处，可以借鉴英文中“CCTV cameras in operation”的现成表达，更加地道。

改译：CCTV in operation。

(三)忽视公示语的感召功能

公示语的感召功能主要包括指示功能、提示功能、警示功能、告示功能、劝导功能、宣传功能等。

1. 必须戴安全帽

Must wear safety helmet

原译文字字对应，对汉语公示语中“必须”二字，完全没有必要译出，因为在英语公示语中，尤其大量祈使句与被动语态的使用，其本身已含有这个“必须”的含义。该处可套用“名词+动词-ed”的形式。

改译：Safety helmet required!

2. 水深危险

Depth of danger

公示语原文旨在提醒和警示游客，而非告知水深的危险。因此直接突出危险事物本身，即可强调警示功能。

改译：Danger! Deep water。

3. 女宾区男士止步

Female guests' area/ male guests stop

原译文信息累赘,提示功能不清晰,不具备英文公示语的简明扼要的特点,可借用"闲人莫入"(Staff Only)的译法。

改译:Female only。

4. 少一串脚印,多一份绿意

Care for green to love life

中文的公示语比较委婉,力求朗朗上口,在翻译过程中,应挖掘汉语公示语的内在含义,此处是提醒游客不要践踏草坪。因此,在译文中直接表达核心含义,无须用累赘重复的照搬译出,反而起不到公示语的感召功能。

改译:Keep off the grass。

第三节　公示语汉英翻译原则与常用策略

公示语因其独有的文体特征,在汉英翻译过程中应遵循简明、统一、通俗易懂的原则,灵活采用套译、转换等翻译策略。

一、简明原则

简洁明了,是指译文表达简单,容易理解,不含难懂词语和复杂长句,符合英语表达习惯和思维方式,易被英语受众理解。公示语受空间和时间限制,译名简洁特别重要。公示语汉译英时措辞简洁、精确,仅用实词、关键词、核心词汇,而冠词、代词、助词等都省略。采用简洁原则翻译的公示语不仅有利于提高译文的效力,也有利于节约时间和空间,使得译文更加地道,从而更好地达到对外交流和宣传的目的。

[例 1]　禁止停车!

这则常见的公示语,有人则将其译为"Parking is Forbidden here"。把一个句子作为公示语太长,显得拥挤和啰唆。根据简洁明了原则,应改译为"No Parking!"从而让公众一目了然地明白:此处不准停车。

［例 2］　为了您和他人的健康,请勿吸烟!

这是在车站、银行等公共场合经常见到的公示语,有人直译为"For the sake of your health and others, don't smoke, Please!"翻译的口气从警告变成提醒,失去了原文中的限制作用。可译为"No Smoking",既保留原文的信息,又简洁易懂。

［例 3］　老、弱、病、残、孕专座!

这是在公交车上经常看到的公示语,若译为"For The Old, Sick, Disabled and Pregnant",确实可传达公示语的字面意思,但英译太长,而且用词方面也容易引起乘客敏感。西方英语国家的对应表达是"Courtesy Seat",把"老、弱、病、残、孕专座"翻译为"Courtesy Seat"显得简洁、得体。

［例 4］　油漆未干!

若翻译为"The Paint is not Dry",尽管英译公示语准确传达了意思,但是作为公示语过于冗长。根据简洁明了原则,"油漆未干"应译为"Wet Paint!"。

二、统一原则

公示语汉译英需要考虑英语使用者的实际情况,并遵守国际统一规则,让外国朋友能直接了解公示语的内容。"严格的规范性和标准性词汇"是公示语的另外一个语言特征。"统一"是为了让公示语能够更好地发挥其社会功能。公示语汉译英统一原则包括以下几个方面。由于历史原因和语言习惯,有些公示语的翻译是约定俗成的,可以采用直接借用的方法,不能随意更改,否则引起歧义。公示语汉译英时尽可能地与之前的固定译名保持一致。对于一些沿用至今并且被大众广泛接受的汉译英公示语,应沿用之前的译法。如果没有合适的公示语,亦没有固定英译可以采用,可以到官方网站、报刊和权威词典查询,直接拿来使用即可。

［例 5］　有现货!

这是某超市货架上的公示语,有人把“有现货”译为“There is the stock”。而亚马逊官网上的“有现货”译为“In Stock”,可以直接拿来使用,这是国际通用译法,也是约定俗成的概念。

［例 6］　小心地滑!

“小心地滑”常常被误译为“Carefully Slide”。“Carefully Slide”汉语意思是“小心翼翼地滑”,与原意大相径庭。根据国际习惯,此类公示语一般情况下采用祈使句或短语,如“小心碰头”可译为“Mind Your Head”,“当心踏空”可译为“Watch Your Step”,相应地,“小心地滑”可译成“Wet Floor”。

三、通俗易懂

“通俗易懂”是指汉语翻译成英文的可读性。汉语中的有些公示语含有约定俗成的概念。英译后,这些概念会影响公示语的可读性。在这种情况下,译者应该做适当调整以避免误解。

［例 7］　带好孩子,小心落水!

讲汉语的人看到上面的例子都知道是告诫家长带好孩子,不要让孩子乱跑,否则不小心掉进河里,后果不敢想。如果把这一公示语不做任何调整地直译为“Take the Child,Fall into Water carefully”,就会让母语是英文的人认为,是要把孩子小心地带进河里去吗?为避免误解,可译为“Take Care of Child! Danger:Deep Water”!

［例 8］　芳草萋萋,踏之何忍!

这是在草坪附近经常见到的公示语。若直译为“Grass Is Tender,Trample Is Forbidden”,不易被外国受众接受。可改译为“Keep off the Grass”,用词简单通俗,易被大众广泛接受。

［例 9］ 除游客外，其他闲杂人等不得在此逗留或休息。

原译为 Except visitors, other miscellaneous personnel are not allowed to stay or rest here. 该译文既冗长又不符合英语使用习惯，将其套译为“Visitors Only”，即 Visitors Only 不但简洁且显得委婉，更符合西方受众的接受习惯。

此外，在公示语英译中文化缺失现象也非常严重，译者忽视译语的内涵及文化背景，盲目追求原文与译文在形式上的对等，往往令人费解，甚至引起反感。

［例 10］ 旅游美时美刻，文明随时随地

原译：Civilized travel is welcoming whenever and wherever enjoy local beauties for every moment, mind your deeds wherever traveling proceeds.

改译：Let's join hands to protect our museum.

［例 11］ 向前一小步，文明一大步

原译：A SMALL STEP FORWARD A LONG STRIDE CIVILIZED

改译：No Littering

例 10 原文长句信息量较多，且在英译过程中有许多语法错误，一时间很难让外国朋友看出所要表达的准确信息。原文事实上倡导游客们文明参观，如若像原译文采用直译的方式，难免使外国游客一头雾水。另外 civilized visitors 则更让外国友人不知所措，因为与其相对的是 uncivilized（未开化的，野蛮的）visitors，在这里通过改译的方式“Let's join hands to protect our museum.”，既表达了倡导游客文明参观的信息，改译文又能较好地起到呼唤功能，使得外国游客更乐于接受。在例 11 中同样存在着文化翻译问题。译者在翻译时没有关注到英文中的公示语是有法律约束力的，西方人喜欢正面阐述问题，故直将请勿乱扔废弃物告知，而中文公示语更多的是从道德层面去约束人们。因此，将其改译为“No Littering”。

❖ 实战演练 ❖

请分析下列公示语的译文，如有不妥，请说明原因并改译。

1. 本店铺已经安装电子防盗系统。

This store is electronically protected against shopping.

2. 请勿乱扔果皮纸屑。

Don't throw scraps of paper peel.

3. 注意安全

Note safety

4. 请勿触碰

Don't touch

5. 小心地滑

Carefully slide

6. 贵重物品请妥善保管。

Valuables should be kept.

7. 请看管好您的孩子。

Please mind your child.

8. 内有监控

Inside Monitoring

9. 禁止嬉水

No play with water

10. 水深危险禁止游泳

Dangered deep warnd no swimming

11. 守护一片绿增添一分美

Guardian of a piece of green to add a beautiful

12. 游客止步

No thoroughfare

第八章

新闻报道翻译

近年来，随着全球信息化的影响以及媒介技术的发展，人们获取新闻的要求越来越迫切，手段也越来越丰富。在全球化的今天，人们不仅需要获取国内的信息，也需要了解国外的各类重大事件。国内读者如果想在第一时间获取国外原汁原味的新闻信息，译者就得在翻译上给予读者最大便利。另外，如果想让国外读者更好地了解日新月异的中国，有效促进新闻的跨文化传播，优秀的新闻译作必不可少。因此，新闻翻译研究成为相关专家学者和翻译工作者研究的热点问题。

第一节　汉英新闻报道的文体特征差异

新闻报道按照事件的性质分类，可分为“硬新闻”（hard news）和“软新闻”（soft news）两大类。硬新闻也就是“纯新闻消息报道”，指题材严肃，具有一定时效性的客观事实报道；软新闻是指情感味浓，写作方法诙谐，轻松幽默的社会新闻，不注重时效性。新闻英语中常见的体裁主要有三大类：消息（news）、特写（features）和新闻评论（commentaries and columns）。从语篇类型上来看，新闻报道属于信息类语篇；从语篇功能上开看，新闻报道主要功能是信息功能。因此新闻报道翻译目的就在于让读者正确理解原文内容和相关信息。

由于新闻价值的作用，在对外新闻报道的翻译中，要考虑外国受众的要求和兴趣，对新闻内容进行选择，有的放矢。因此，有时在国内报道中占相当篇幅的新闻，在对外报道中则被编译成简讯、图片新闻等。要做好新闻的翻译工作，译者除了应具备语言知识外，还需要具备必要的文化常识和政治常识，要注意扩大知识面，这样才不会误译或导致严重后果。译者掌握好各国读者的文化以及阅读背景和中外写作逻辑性的不同，才能根据需求翻译好标题，使文章脉络，重点突出，语言简练、通俗易懂。了解汉英新闻报道的文体特点将有助于新闻翻译工作的顺利开展。总体而言，汉英新闻报道都属于新闻传播学范畴，两者在本质上都具备新闻文体的共性特点，下文主要就英语新闻报道的特点做一概述。

一、英语新闻的词汇特点

新闻英语作为信息传播媒介，需将信息浓缩于一个有限的空间（版面），其目的是便于读者抓住主要内容。因此，新闻英语词汇的特殊性表现在：词汇简单而具体，行文流畅而不会佶屈聱牙。新闻英语常常通过使用大写字体、戏剧性标题、简短的段落、简洁的句子来增强新闻的趣味性。具体而言，有以下几大特点，即新词的频繁使用，缩略语与短语的广泛使用等。

文字是现实生活的反映，而现实生活总是在日新月异地变化。因此，在英语新闻中，时常会出现一些在原有意义上延伸出新义的词，且已经成为颇具特色的词汇。随着这些词的广泛运用，它们也逐步渗透到日常生活用语之中。例如：

The rapid-growing death toll of AIDS victims has posed a wide spread panic across the States from gay bars in the west coast of California to the Fun City's red-light districts.

艾滋病患者死亡人数激增造成普遍恐慌。恐慌波及全国，从西海岸加州的同性恋酒吧到逍遥城纽约的红灯区。

gay 的原义为“快乐的”，但在新闻报道中已转义为“同性恋的”。此处的

"gay bars"为"同性恋酒吧"而不是"快乐酒吧"。

广泛使用短词及缩略语。由于新闻栏目篇幅狭窄，出于排版的需要和对听众和观众的理解速度和能力的考虑，记者和编辑喜欢使用字形短小的单音节词和缩略词以节省刊头空间。美国新闻学家麦克道格尔在其《解释性报道》一书中提出要多用简单词。他认为，在表示同一个意思时 about 比 with reference to 好、although 比 despite the fact that 好。在新闻写作中，很少有人会把 do 说成 effectuate、把 end 写作 terminate；他们宁愿用 ban 而不用 prohibition、用 today 来代替 in this day and age。

再者，新闻报道受到时间和传递量的限制，不得不在写作上力求简明扼要，用字精练通俗，句法一目了然。使用词义宽泛、形体短小的词不仅可以美化版面，而且可使文字简练。

二、新闻英语的句法语法特点

用一般现在时表达过去发生的事情。通常情况下，新闻报道所报道的消息多为已发生的事实，按照英语语法，动词应使用过去时。但新闻是新近发生的事实，为增强新闻报道的新鲜感（freshness）、现实感（reality）和直接感（immediacy），在新闻报道中一般不用过去时、过去完成时等，而采用现在时态，在形式上可以使读者在阅读时如置身于新闻事件之中。例如：Carter Picks New Envoy to Mexico 卡特选出派往墨西哥的新特使。

用不定式表达将来发生的事情。英文新闻标题中表示将来时的形式除一般将来时"will+动词原形"外，更多的还是采用"联系动词 be+动词不定式"结构，其中联系动词 be 通常省略，以节省标题字数。例如：Pope to Visit Japan in February = Pope is to visit Japan in February 教皇拟于二月访日。

用现在分词表达正在进行的动作或正在发生的事态。对于正在发生的事态或动作，英文新闻标题按正常英语语法规则处理，采用现在进行时"be+现在分词"的形式，但"be"通常省略。因此，现在分词便在新闻标题中直接表示正在进行的动作或正在发展的势态。例如:Bill Gates Working on a New Book = Bill Gates is working on a new book 比尔·盖茨撰写新书,展望未来。

被动语态的使用。当读者在广泛接触英语新闻之后,就会发现新闻标题使用主动语态的频率远远超过被动语态。这是因为从修辞学角度而言,主动语态比被动语态更加生动且富有感染力,所表达的意义更为直接,或更具有说服力,使读者感到真实可信,读起来朗朗上口。但新闻报道中有时动作的接受者往往是读者关心的中心,比如有关灾难、战争、事故、骚乱等报道,读者更关心的是伤亡人员与人数。因此,新闻英语有时为突出动作的承受者而采用被动语态,目的在于抓住读者的注意力。

第二节　新闻标题翻译原则与策略

作为“题眼”的新闻标题,常常是新闻内容的浓缩和概括,它的优劣将大大影响读者阅读该篇新闻报道的兴趣。国内读者如果想获取国外原汁原味的新闻信息,译者就得在翻译上予读者以最大便利,尤其是利用新闻报道标题的汉译文激发读者的阅读兴趣。因此,如何更好地翻译英语新闻标题,让国内读者阅读信息最大化,成了专家学者和各类新闻工作者思考研究的问题。

英语新闻标题具有简洁凝练的特点,其自身在词汇、语法、句法、修辞层面都有别于中文标题,中文新闻标题趋向于概括新闻的内容,而英语新闻标题倾向于择一重点内容而取之。另外英语是表音文字而汉语是表意文字,所以汉语能用简短的话来概述时英文可能需用一个长句才能表达。在词汇的选取上,中英文标题都会在需要时采用缩写、简写的形式节省空间,英文标题也偏爱于使用小词来节省空间。在时态的选择上,英文标题通常采用一般时态来表述过去与将来发生的新闻,从而使新闻更具实效性,也可以在一定程度上节省报纸的空间。在动词的使用上，中文标题注重动词的选取，一个好的动词往往能为新闻标题添砖加瓦，而英文标题往往会采用动词的名词化形式，使语体显得更正式。同样，像省略、标点、修辞等也经常会运用在中英文标题中。因此，“在翻译英语新闻标题时应兼顾三个方面：准确理解标题，领悟其妙处；适当照顾译文特点，增强可读性；重视读者的接受能力”。试看以下几例：

[例 1] Ebola epidemic has been “vastly” underestimated: WHO. WHO：人们严重低估埃博拉疫情。

[例 2] Obama urges Iraqis to unite because “the wolf's at the door”.

“狼就在门口”奥巴马敦促伊拉克各方联合抗敌。

[例 3] One small step for miaowkind: Hello Kitty blasted into space by Japan scientists.

喵星人的一小步：Hello Kitty 被日本科学家送入太空。

例 1 中，译者将原文中的被动态译为主动语态，符合汉语的语言习惯，从语法层面上顺应了汉语读者的语言。例 2 中汉语译文调整了英文原文的顺序，而且并没有把“because”译为“因为”，而是选择不译。即使在译文中省略了“因为”这个连接词，但是汉语读者还是能够一眼看出标题前后的因果关系，同时符合新闻标题简洁醒目的特点。例 3 中英文标题中 miaowkind 是个拟声词，汉语译成汉语网络的流行语“喵星人”，既生动又形象。前半句 one small step for miaowkind 仿拟了 one small step for man，即虽然这只是 Hello Kitty 的一小步，但却是她所代表的猫类的一大步。汉译从修辞层面上做出了顺应，这样的译法使得译文不仅保持着原文的原汁原味，又使信息的传递最大化。

新闻标题翻译过程中交际语境的顺应指的是译文应顺应目的语读者的心理世界，物理世界和社交世界。对于心理世界的顺应包括对目的语读者认知和情感的顺应。对物理世界的顺应则涉及对有关时间和空间指示上的顺应。对社交世界的顺应则是译者在翻译过程中，需要考虑两种语言文化间的历史文化和审美等方面的差距，尽可能地消除两种语言沟通交流可能存在的鸿沟。

认知通常被定义为对知识的获得。由于中西方所处的地理环境、政经人文等因素的不同，人们了解的事物也各有不同，为一国人民所熟稔的事物，未必为另一国人所知，所以译者在翻译英语新闻标题的过程中，必须顺应目的语读者的认知水平，把目的语读者的认知环境和认知能力都考虑在内，灵活地进行翻译。试看如下例子：

［例 4］ Bride-to-be sheds 8 STONE so her husband can carry her over threshold on wedding day.

准新娘成功减重 50 公斤 准新郎轻松公主抱

［例 5］ Warren Buffett will bet you that Hillary Clinton wins in 2016.

股神巴菲特押注 赌希拉里当选下任美国总统

例 4 中的汉译把英文标题中的 8 STONE 译为 50 公斤，为汉语读者解决了可能会因认知上的差异而出现的理解困难，因为大部分汉语读者并不了解 STONE 作为重量单位的用法，也不知该如何换算，STONE 表示重量单位英石，而 1 英石等于 6.35 千克，译者把它换算成千克，选择用汉语惯常的体重计量单位公斤来计，恰到好处，顺应了目的语读者的认知语境。再来看例 5，译者在巴菲特前增加了股神，让不认识巴菲特的汉语读者从股神二字中就可知巴菲特的预言之准，从而了解到希拉里当选下届总统的概率之大。该句通过采用增译的翻译策略，成功地顺应了目的语读者的认知语境。但是增译的部分只是很简短的二字，不会因此而使标题变得冗长。

译者在翻译过程中应正确解读英语新闻标题中所蕴含的感情色彩，充分考虑目的语读者的情感态度，才能使新闻标题的译文吸引汉语读者的注意力，激发其阅读新闻内容的兴趣。试看以下例子：

[例 6] Obama balances world crises with golf, time off

奥巴马:空袭伊拉克休假打高尔夫两不误

[例 7] Tragedy puts Marina Silva at heart of Brazil campaign

巴西候选人坠机 席尔瓦站上"风口浪尖"

例 6 中的"两不误"和例 7 中的"风口浪尖"译者都把英语原标题中蕴含的情感译了出来,使得标题更吸引读者的眼球,同时也使标题变得更加简短明了,顺应了目的语读者的心理世界,同时符合新闻标题的特点。

汉英两种语言是在特定的社会历史环境中产生和发展起来的,它们各自反映着所在国家和民族在不同历史条件下不同的社会历史文化因素。因此,语言的使用也必然受限于语言使用者所在的社交世界的影响,这其中包含了一系列因素,包括历史文化因素、宗教信仰因素、审美方式、政治和经济发展因素、社会准则和总体的价值观等。如果仅仅停留在语言表面上的理解,而忽视两种语言背后的"两大片文化",很容易产生交际障碍。所以,译者需要在充分了解文化差异的基础上,对汉语读者的社交世界进行有效的顺应。试看以下例子:

[例 8] How the world loved the swastika – until Hitler stole it

让人又爱又恨的卐字符

[例 9] Tilbury docks – a journey of hope that ended in disaster

蒂尔伯里港:载梦起航 驶向灾难

例 8 中汉译没有翻译成纳粹党所用的十字记号,万字饰,而是选择用符号代替,使得译文更简洁,也让汉语读者一目了然,在第一眼就获知标题所要传达的新闻信息,消除了可能的文化障碍,顺应了目的语读者的社交世界,且符合新闻标题的特点。汉语审美中喜爱对仗工整,好用四字词或成语,从而达到语音、结构或意义上的对仗。例 9 中的译法符合汉语读者的审美观,使标题变得简短有力,吸引眼球。从而顺应汉语读者的审美观。

中西方地名千差万别,很多西方的地名汉语读者并不了解,这时,译者可以省译一些汉语读者不为熟知的地名，或进行改译，补充说明该地所在的国家。试看以下例子：

［例 10］ Boko Haram：How the violence has spread

博科圣地：恐怖活动在尼日利亚境内蔓延开来

例 10 通过增译，在译文中补充了尼日利亚。若直译，很多汉语读者未必了解博科圣地，汉译补充了这个组织总部所在国尼日利亚，让读者更好地理解新闻标题，吸引其阅读新闻的内容，从而顺应了读者的物理世界。

第三节 对外新闻报道翻译原则与策略

（一）调整句式顺序，时间要素后置

张健（2003：163）指出，用英文向国外报道新闻内容不同于单纯的中译英文字翻译，对外报道成功与否首先取决于传播效果。若要达到预期的对外宣传效果，英译前必须对汉语新闻稿的语言进行一番"译前处理"，或重组，或增删，或编辑，或加工。上述论点也完全适用于汉语电视新闻导语的英译。在翻译外宣新闻中，必须注意的一个重要方面就是语言与新闻要素差异。中文新闻导语的一个显著特点就是以时间要素开头，而英语新闻却强调突出动作或行为执行者或承受者，强调导语的开门见山，切入正题，因此，在英语新闻中，时间要素几乎从来不会置于句首，除非需要特别强调。

［例 1］ 昨天下午，长江太仓段 7 号浮标附近发现一条特大中华鲟，但已经死亡。

译文：A Chinese sturgeon was found dead Saturday afternoon in the Yangtze River of Taicang，a small city in east China's Jiangsu Province.

上述新闻导语中，句子排列组合明显不同。中文新闻开头的时间要素在英语新闻中被置于主谓结构之后，从整个英语新闻的句子来看，其结构组

合是按照主语+谓语+时间+地点来组合的。这是中文新闻与英语新闻的一大差异，而这一差异看似细微但实际上十分重要。

（二）大量运用解释性翻译

对于汉语中的政治、经济、文化术语和专有名词以及牵涉到一定文化背景知识的固定用语，中国人在阅读时可启动其背景知识来帮助理解，但外国读者或听众由于缺乏这种背景知识，所以在译文中首次提到时应该对这类词语进行补充说明。吴自选（2005:24）指出，一般英语受众对中国及其文化的了解相当有限，甚至一无所知。张健（2003 :166 ）也指出，背景解释是加强英语对外报道可读性的关键之一，因为外国人对中国的情况不了解，需要通过交代背景加以解释，此所谓“解释性报道”。从某种程度上讲，解释性翻译就是把源语中读者所不知道的知识，尽量不在注释中说明而直接融入译文中，即所谓“化隐为显”。在国外电视新闻翻译中，这也是运用得最多的技巧之一，最常见的补充解释对象就是地名和人名，另一原因也在于以美国为代表的英语新闻报道中，凡是提到地名就必定告知其方位，而凡是提到人名，就必定告知其身份，这已经成为一种行业惯例。但是，这些地名和人名在我国的文化背景之下基本上是不需要进行解释的。

[例2]　连接我省启东和上海崇明的崇启长江过江通道设计项目昨天通过了交通部评审。崇启长江过江通道是建设中的上海至西安国家高速公路的关键工程，目前通道设计为桥梁方案，路线全长51.2公里，总投资73.64亿元。

译文：A new bridge is to be built at the estuary of the Yangtze River to link up north Jiangsu with Chongming, China's third largest island. The construction plan passed the approval of the Ministry of Transportation on Saturday. Being part of the Shanghai-Xi´an highway, the bridge connects north Jiangsu's Qidong City with Chongming County of Shanghai. With a total investment of some 7.4 billion RMB, its total length is 51.2 kilometers.

在这则新闻导语的英译文中，多处地方出现了解释性翻译，包括根据文化背景和思维定式与译文理解的关系把连接启东和崇明的大桥所处具体位置补充了出来，即 at the estuary of the Yangtze River。崇明则补充了它是我国第三大岛这一背景（China's third largest island），启东的解释性补充则是 Jiangsu's Qidong city，不但告知其大概方位（north Jiangsu），而且也说明了它是一座城市（县级市），而崇明则是上海的一个区（Chongming County of Shanghai）。

（三）重组和改写源语句式结构

对外报道的翻译不是一般意义上的翻译，而是用外文进行“再创造”（张健）。从汉英语言对比角度来看，英语句子的句法具有构架主次分明，逻辑层次严谨的特征。而汉语句子在形式上没有严格的形态成分的约束。汉语的组句往往是以意组句，句中通过各成分的内在逻辑关系贯穿在一起。因此，在将空间架构模糊的汉语连贯句翻译成英语的过程中，译者必须首先将汉语中的无主次的并列机构转换成主次分明的空间立体架构，如果需要的话还要对汉语句子的成分进行打破和重组。从新闻角度来看，新闻报道借助于翻译来传递的信息是有一定的选择性的：概括性的或部分传递。所以译者要选取重要的段落或内容作为翻译对象进行翻译。因此，新闻翻译的工作可以看出是一个编译改写的过程，只有对新闻报道进行变通翻译，才能达到准确、适当地报道该新闻内容的目的。此外丁衡祁（2005：25-29）也指出，汉英翻译，尤其是对外宣传翻译，绝对不能简单地对号入座，而是要根据汉英两种语言之间的差异性，对译文进行改写、重写、调整、梳理、深加工或精加工甚至再创作，从而才能使译文符合英语表达习惯，取得预期的宣传效果。根据上述翻译理论，下文结合一些实例来进行分析。

[例 3]　在今年4月举行的首届两岸经贸论坛上，国台办宣布了“促进两岸交流，惠及台湾同胞的15项政策措施”，其中包括向台湾同胞开放报关员考试，日前记者在昆山海关了解到，在昆山共有25名台胞报考了祖国大陆

报关员,报考人数居全国县级市第一。

译文:25 Taiwan compatriots in south Jiangsu's Kunshan City have signed up for the mainland customs broker qualifications exam since the beginning of the year, thanks to the favorable policies the Chinese Taiwan Affairs Office announced to be effective as of last April.

在译文中,新闻导语要素被置于了最突出的句首位置,“报考人数居全国县级市第一”这一次要信息则转移到了新闻正文中去进行交代,在导语中不做表达,这也符合英语新闻适时穿插交代背景信息的文体特点。而台湾同胞可以报考祖国大陆报关员这一政策形势背景则处理成了一个介词短语这一显性手段加以标识,同时它也起到了新闻来源的作用,而“首届两岸经贸论坛”和“促进两岸交流、惠及台湾同胞的15项政策措施”以及“日前记者在……了解到”这一目前已几乎成为国内电视新闻记者的口头禅的“行话”等对于本英语新闻无关紧要的信息则干脆省去不译,这样一来的译文就主次分明、重点突出,同时也满足了英语新闻报道对新闻要素的要求。

[例4]　春天的四明山风光是最绚丽的,漫山遍野的樱花,红枫姹紫嫣红,争奇斗艳,来到四明山这个“中国樱花之乡”“中国红枫之乡”,如同置身于花的海洋,满眼红色,美不胜收!

译文:In Spring, Siming Mountain is famous for its picturesque Sakura and beautiful red maples all over the mountain. When you arrive at Siming Mountain, Chinese Hometown of Sakura and Red Maples, you will feel as if you are in the sea of flowers, flaming your eyes and making a brilliant show.

这则新闻是关于四明山景区的介绍。原文突出描写了鲜花竞相开放的美景,从而达到吸引观众的目的。原文用了多个四字格,增强气势,音律和谐,能够给观众造成一种美感。在英译过程中,需要在译文中实现变抽象为具体,变模糊为直观,这样才能使译文达到与原文相似的功能。原文中的“绚丽”“姹紫嫣红”和“争奇斗艳”都是形容花开得茂盛,翻译成英文时只需译为 picturesque 和 beautiful 就可以把樱花和红枫的美丽表达出来，不必按三个词的字面意思去译，否则会显得冗长累赘，破坏美感，无法给观众留下深刻的印象，也就无法达到原文预期的效果。同时，在译文中采用 You will/do 的句式结构，拉近与目的语新闻读者的距离，这一增译手段不失为成功实现新闻对外传播的有效方法。

❖实战演练❖

一、试着分析以下新闻标题译例的翻译方法

1. Bush brother have a complex relationship, marked by fierce rivalry, wounded feelings.

美媒揭布什兄弟恩仇录：小布什曾认为杰布“多余”。

2. First set of Hillary Clinton E-mails published online.

总统选战绊脚石！美国公布希拉里首批私人邮件。

3. May Day protests draw police but most are peaceful.

美俄五一游行大不同 上演“冰火两重天”。

4. Barack Obama gets his own twitter account.

奥巴马开设个人“推特”数小时粉丝破百万。

5. CNN/ORC poll: ISIS a bigger threat than Iran, Russia.

美国认为IS 对美威胁远甚中国和俄罗斯。

6. A ranking of the world's 'most powerful' passports.

美国公布世界“护照力”排行榜 中国护照排名45。

7. Bush was wrong on Iraq, says Rumsfeld.

拉姆斯菲尔德罕见批评小布什 称美难当世界警察。

8. Hungary first European country to sign up for China Silk Road plan.

匈牙利与中国签署“一带一路”合作文件。

二、请将以下新闻报道翻译成英文

日前，市统计局公布的前2个月经济运行数据显示，今年以来，在宏观政策发力和市场主体努力共同作用下，宁波供需两端主要经济指标实现较快增长，多数指标增速好于去年12月份，也高于过去两年平均增速，经济运行呈现稳中有进的发展态势。

工业“压舱石”作用明显。1—2月，全市规模以上工业增加值807.1亿元，同比增长8.7%，增速较2021年12月加快5.8个百分点。全市35个工业大类行业中，27个行业实现正增长。人工智能产业、装备制造业、高新技术产业制造业、战略性新兴产业制造业增加值分别增长10.9%、10.7%、10.0%、8.8%。1—2月，规模以上工业实现销售产值3415.6亿元，同比增长14.3%；实现出口交货值630亿元，同比增长12.8%。

服务业运行平稳，有效投资稳中有升。1—2月，全市线上商品销售同比增长9.4%；完成全社会货运量1.1亿吨，增长8.7%；宁波舟山港货物吞吐量19872.6万吨，增长2.8%。其中，宁波港域货物吞吐量10210.7万吨，增长2.1%；宁波舟山港集装箱吞吐量525.4万标箱，增长1.1%。其中，宁波港域集装箱吞吐量497.5万标箱，增长2.0%。

消费市场稳步恢复。1—2月，全市实现社会消费品零售总额721.7亿元，同比增长6.8%，比2021年12月份加快10.4个百分点，比2021年两年平均增速加快2.4个百分点。

外贸进出口较快增长，民营企业贡献突出。1—2月，全市完成外贸自营进出口总额2053.3亿元，同比增长19.6%，分别高于2021年12月、2021年两年平均增速4.2个百分点、5.7个百分点。其中，出口1351.2亿元，增长21.3%。进口702.1亿元，增长16.5%。民营企业进出口增长20.8%，占进出口总额的70.5%。机电产品出口增长21%，占全市出口总额的57.7%。

第九章

科技论文摘要的翻译

第一节　汉英科技论文摘要文体特征

一篇科技论文的发表乃至传播，在很大程度上依赖其摘要。英文摘要则起着缩微全文，扩大交流，方便国际学术界的同行索引、查阅的作用。赛恩斯编译认为，着手写科技论文的英文摘要之前，首先要弄清什么是摘要。一般而言，它是一篇论文或研究报告中最重要的事实和观点的概括性文字，是正文实质性内容的简介，它应该高度概括正文中所叙述的内容，突出正文重点；它应目的明确、结构简洁、表达确切。以下从语言结构和文体风格探讨科技论文英语摘要的特点。

一、语言结构

科技论文英文摘要具有格式化的语言结构，通常由三个主要部分组成。摘要的第一句通常叫做"主题句"，通常回答"研究什么"的问题。主题句要开门见山，简明扼要地介绍研究的目的、背景或内容。紧随主题句之后的是支撑句，主要叙述的是研究的方法、途径、手段或过程等，这些支撑句可以看作是英文摘要的主体。作为摘要的结尾，结论句一般用来表明结果、解释用途，并指出该研究的意义。

二、文体风格

科技论文的英文摘要，一般用重要的事实开头，避免用辅助从句开头，也不要简单重复题名中已有的信息。由于科技论文主要是说明事实经过，侧重叙事推理，强调客观准确，至于那件事是谁做的，则无须说明，因此，广泛使用被动语态，尽量使用第三人称叙述，因为第一、二人称使用过多，会造成主观臆断的印象。此外，科技文章将主要信息前置，放在主语部分。这也是广泛使用被动态的主要原因，因为被动态能够有效地突出前置词所含信息的重要性。

摘要中谓语动词的时态，不是千篇一律的，而应根据每句话的具体需要，恰当地使用。一般来说，科技论文摘要常用一般现在时、一般过去时和完成时三种时态写成。其中，一般现在时使用最为普遍，因为作者的目的是向读者介绍论文的主要内容，用于说明研究目的、叙述研究内容、描述结果、得出结论、提出建议或讨论等。另外，涉及的公认事实、自然规律、客观现象、永恒真理等，也要用一般现在时；一般过去时用于叙述过去某一时刻(时段)的发现、观察、调查等过程。需要注意是，用一般过去时描述的发现、现象，往往是尚不能确认为自然规律、永恒真理的，而只是用来描述当时的情况，表示已从事过的研究；完成时较少使用。

把原文以中文形式撰写的摘要翻译成英文，无论整体布局还是遣词用字与英语摘要，都会有很大不同，故而需要译者对文章整体内容有充分的理解和掌握，在译语语言结构和文体风格方面要尽可能的丰富，内容要完整，这可以起到事半功倍的作用，有助于译文读者的检索及理解，从而提升论文的价值，扩大论文的影响力。

第二节　汉英科技论文摘要翻译原则与策略

论文摘要的翻译包括题目,以下是英语科技论文题目的翻译要点。

首先,英文题名以短语为主要形式,尤以名词短语(noun phrase)最常见,即题名基本上由1个或几个名词加上其前置和(或)后置定语构成。短语型题名要确定好中心词,再进行前后修饰。各个词的顺序很重要,词序不当,会导致表达不准。题名一般不应是陈述句,因为题名主要起标示作用,而陈述句容易使题名具有判断式的语义;且陈述句不够精练和醒目,重点也不易突出。少数情况(评述性、综述性和驳斥性)下可以用疑问句做题名,疑问句可有探讨性语气,易引起读者兴趣。

其次,题名的字数不应过长。国外科技期刊一般对题名字数有所限制。例如,美国医学会规定题名不超过2行,每行不超过42个印刷符号和空格;英国数学会要求题名不超过12个词。总的原则是,题名应确切、简练、醒目,在能准确反映论文特定内容的前提下,题名词数越少越好。

再次,中英文题名的一致性是指同一篇论文,其英文题名与中文题名内容上应一致,但不等于说词语要一一对应。在许多情况下,个别非实质性的词可以省略或变动。

最后,题名中的大小写有以下3种格式:全部字母大写;每个词的首字母大写,但3个或4个字母以下的冠词、连词、介词全部小写;题名第1个词的首字母大写,其余字母均小写。此外,题名中的缩略词语已得到整个科技界或本行业科技人员公认的缩略词语,才可用于题名中,否则不要轻易使用。

一、摘要内容翻译的注意事项

（一）英文摘要时态的运用以简练为佳。

1. 一般现在时

用于说明研究目的、叙述研究内容、描述结果、得出结论、提出建议或讨论等；涉及公认事实、自然规律、永恒真理等，也要用一般现在时。

2. 一般过去时

用于叙述过去某一时刻的发现、某一研究过程（实验、观察、调查、医疗等过程）。用一般过去时描述的发现、现象，往往是尚不能确认为自然规律、永恒真理的，而只是用来描述当时情况；所描述的研究过程也明显带有过去时间的痕迹。

（二）语态与人称的使用以客观为准。

1. 主动语态

摘要中谓语动词采用主动语态，有助于文字简洁、表达有力。如表达研究目的时一般以 This paper aims at…的主动形式。

2. 被动语态

摘要内容强调多用被动语态，理由是科技论文主要是说明事实经过，凸显科学研究发现的客观性。因此在摘要汉英翻译过程中，需要特别注意语态的转化。

3. 英文摘要的人称

摘要的首句多用第三人称 This paper...等开头，现在倾向于采用更简洁的被动语态或原形动词开头。例如：To describe...，To study...，To investigate...，To assess...，To determine...，行文时最好不用第一人称。

二、科技论文翻译应遵循以下几个原则

(一)忠实原则

忠实原则是指摘要应该准确地反应论文的内容,不能夸大或缩小,必须将论文所表述的目的、方法、结果和结论准确无误地翻译出来,表达清楚。这是科技论文摘要翻译中最基本的原则。许多摘要翻译都存在中文和英文意思相近却不完全对应的现象,甚至有些翻译出现随意增补或删除摘要信息的现象,造成摘要重心转移、偏离主题、逻辑不清,严重影响科技信息的传播。

[例1] 本文报道了2年期间针灸治疗了18名病人的效果。

原译:The results of eighteen patients who received acupuncture treatment over two year's period are presented.

改译:The results of acupuncture treatment of eighteen patients over two year's period are presented.

原译翻译意思是"本文报道了18名……病人的结果",而原文的含义是报道"针灸的效果",原译表达不够精确,造成了歧义。改译的翻译忠实原文,表达准确。

[例2] 采用ST细胞培养,免疫荧光、理化试验、中和试验、电镜观察等方法,分离株在ST细胞上盲传至第8代时可出现稳定的细胞病变……

译文:...and identified by ST cell culture, direct fluorescent antibody test (FA), neutralization test(NT), TME examination and some other methods, ...the isolated strain could produce obvious cytopathic effects(CPE)...

译文把原文中的"理化试验""在ST细胞上盲传至第8代时"等内容漏译,致使文章内容传达不完整,译者违背了忠实原则。

(二)简明原则

简明原则是指摘要译文要做到文字简明、措辞精练、重点突出。选词时

多使用英语科技术语,删繁就简,力求精炼,尽量选用名词作定语,既能简化句型又能增大信息密度。句式多为不定句式,常用分词短语和省略句。

[例 3] 若肝失疏泄,就会影响脾的运化功能,从而引起肝脾不和的病理表现。

译文:The failure of dispersion by the liver can affect the function of the spleen to transform, resulting in incoordination between the liver and spleen.

译文把“若肝失疏泄”译成“The failure of dispersion by the liver”,简化了句型,增大了信息密度,使句子简练紧凑,符合简明性原则。

[例 4] 结合当地四时之气,因时遣方用药,事半功倍。

原译:According to different qi in the changes of the four seasons, different recipes were used and a very good effect was achieved with little drugs.

改译:An exceptionally good curative effect was achieved by different recipes with seasonal variations.

原译句是一个长句,且出现较多词语重复,句子显得冗长且条理不清,是典型的字对字翻译。改译文句式简洁明了,符合英语表达习惯,使英语读者更能准确了解语句的含义。

(三)客观原则

科技论文摘要属于信息型文本,其语言功能是提供信息,因此必须遵照客观原则。所使用的语言必须体现其科学性和客观性,不能包含地方方言、个人情感、社会阶层烙印等等。其语言风格应该是正式的、理性的、专业的。同时,由于信息功能的核心是客观事实,因此要避免叙述作者的观念,多运用被动语态。被动语态把所要讨论的对象放在主语的突出位置,更能突出所要论证及说明的主旨,体现科学研究的客观性。

[例 5] 采用 Western blotting 技术检测 37 例食管鳞状细胞癌组织、癌旁组织、区域淋巴结核相应正常食管组织中 P73 蛋白的表达,并探讨与食管临床病例特征的关系。

译文：The expression of P73 protein was detected by Western blotting in 37 cases of esophageal tumor tissues, paracancerous tissues, regional lymph nodes and matched esophageal normal tissues, and their relation to clinical pathologic characteristics of esophageal cancer was explored.

P73蛋白的“表达”和“关系”是两个中心词，使用被动语态突出了两个词的中心地位，而“检测”和“探讨”都是科学研究的过程，使用被动语态更能突显其客观性。

[例6] 方法：将96只SD大鼠随机分为空白组32只、中药治疗组32只和西药对照组32只。

原译：“Methods: Divide 96 Sprague Dawley (SD) rats into three groups: a blank control group (n = 32), a traditional Chinese Medicine (TCM) Treatment group (n=32) and a Western Medicine (WM) treatment group (n=32).

改译：“Methods: Ninety - six Sprague Dawley (SD) rats were randomly divided into three groups: a blank control group (n = 32), a Traditional Chinese Medicine (TCM) treatment group (n = 32) and a Western Medicine (WM) treatment group (n=32)”.

原文中把研究对象作为强调部分提至句首，突出研究对象的地位和作用，改译文使用被动式，弱化试验实施者，强调研究过程，有利于说明事实。

第三节　摘要翻译的常用句型翻译

一、摘要常用句型(Sentence Patterns Used in English Abstracts)

论文摘要作为一种比较严肃的文本，在内容的安排上有一定的规律，结构有比较固定的格式。例如温哥华格式(Vancouver Format)是撰写医学英语论文摘要的基本格式,撰写其他研究领域的英语论文摘要时也可以参照。

Basic Sentence Patterns

Part Ⅰ To state the purpose of the experiments

It is the purpose of this article to…

The primary purpose of this review/investigation is to…

The objectives of this study were to…

This report is intended to…

In this study, an attempt was made to…

In order to	explore evaluate compare investigate	…, we/the authors	analyzed studied performed surveyed

in/among…

Part Ⅱ To state the background of the experiments

We/The authors have confirmed the previous observation that…

It has been reported that…

Previous studies have shown that…

… has/have been associated with …

A few comparisons have been made between… and …

Part Ⅲ To state the methods of the experiments

…was/were	isolated… analyzed measured	by using…

…was/were	investigated diagnosed performed	by the method of/the use of/ measurement of… /with the… test/ by… techniques

Using…, we demonstrated…

Using…, we found that…

A recent Study by X	shows indicates demonstrates proves provides information concerning…	that…

Part Ⅳ To state the results of the experiments

It was found that…

… failed to show…

… was/were significantly associated with/related to/correlated with…

… was/were in inverse proportion to…

directly proportional to…

There was no strong/inverse	relationship association correlation	between… and…

The results showed/revealed/indicated/presented that…

The	details results	of… are presented.

Part Ⅴ To state the discussion and conclusion

We suggest/believe/conclude/recommend that…

We propose… to do …

Our/These/The	results findings observations data research investigations	indicate that… demonstrate that… prove that… support that… provide information concerning…

It is suggested/recommended/advised…

On the basis of… we conclude that…

From these results, it is concluded that…

Recent research indicates that…

二、摘要各部分常用句型英汉对照

1. 总述文章的论点及研究内容

[例 7]　This paper is mainly devoted to an automatic frequency tuning system which is one of the most important parts of the buncher.

本文主要研究频率自动调谐系统,这是聚束器最重要的组成部分之一。

[例 8]　This study investigates/ discusses/ examines/ reviews/ outlines/ presents/ reports/ surveys/ measures the fitting of a class of generalized proportional hazards models, termed linear transformation models, to interval-censored data.

本研究调查(探讨、审查、复查、简述、呈现、报道、观察、测量)了一种广义比例风险模型,线性变换模型和区间截断数据的关系。

2. 研究目的

[例 9] This study was conducted/ intended to determine whether the growing season water balance could be manipulates through planting geometry.

本研究的目的是测试生长季节水分平衡是否能通过种植的几何形状加以控制。

[例 10] The purpose/ main objective of this paper/ study is to explore/ survey the sources of information used in making decisions about whether and what type of long-term care insurance to purchase.

本文(本研究)的主要目的在于探究(调查)是否购买以及购买何种长期护理保险的决策信息来源。

3. 研究方法

[例 11] The simulation system is utilized to perform experiments with various control strategies for the robot team organizations, evaluating the comparative performance of the strategies and organizations.

模拟系统在各种控制策略下对机器人小组和小组的组织方式进行测试,测评和比较各种策略以及组织方式的性能。

[例 12] Three relevant approaches to grey scale texture analysis, namely local linear transforms, Gabor filtering and the co - occurrence approach are extended to colour images.

三种相关的灰阶纹理分析方法,即线性变换、Gabor 滤波器和共现法都被运用到色彩图像分析中。

[例 13] Furthermore, we introduce a new evolutionary approach to multi-criteria optimization, the strength Pareto EA (SPEA) that combinesseveral features of previous multi-objective EAs in unique manner.

除此之外，我们介绍一种多准则优化演化方案，APEA 演算法，它把先前的多目标演算法的一些特点综合起来形成了独特的特点。

4. 研究结果或主要发现

[例 14]　It was found that the heat affect zone of joint was only observed in TIG welding, and the size of grains in it was evidently coarse.

我们发现，节点在热影响区只出现在 TIG 焊接中，而且其中的颗粒明显很粗糙。

[例 15]　The finding show that students overall tend to repeat in order to get a recurring reading.

结果表明学生们大多都为了回读而重复。

[例 16]　Four types of singular models were identified, including the models where the noise amplitude is independent of the stimulus intensity.

我们发现了四种单一模型，其中包括有些模型，他们的噪声振幅与刺激强度无关。

5. 研究结论

[例 17]　It is concluded that special theories posting status frustration are required to account for moral-reform social movement adherence.

结论是要用有关地位挫折的专门理论来解释人们对道德改革社会运动的热衷。

[例 18]　The study suggests that the concept of cultural capital can be used fruitfully to understand social class differences in children's school experiences.

这个研究表明，借助文化资本这个概念来理解社会阶层的不同在儿童学习经历中所造成的影响卓有成效。

❖实战演练❖

请英译以下论文摘要

1. 新型冠状病毒肺炎（简称新冠肺炎）恢复期患者后遗症主要表现在呼吸系统、循环系统、神经系统、精神健康等多个方面。总结现有新冠肺炎后遗症中西医康复方案相关研究发现，及时有效的中西医康复治疗可改善新冠肺炎后遗症。针对新冠肺炎后遗症，西医康复方案主要为包括多学科康复服务、远程康复等在内的综合管理；中医康复方案则是在中医理论指导下，采用中药汤剂、中药贴敷、针灸推拿、刮痧与拔罐、中医功法锻炼等方法，针对不同并发症进行康复治疗。

2. 目的：分析临床护理在慢性阻塞性肺疾病中的应用效果。方法：随机选自 2012 年 6 月至 2014 年 12 月本院收治的慢性阻塞性肺疾病患者 70 例，患者均予以临床护理，分析其临床症状改善情况并对比患者护理前后生活质量。结果：护理后，患者呼吸困难、咳痰、胸闷、嗜睡与食欲减退等临床症状得到有效改善，护理前后对比差异有统计学意义（$P<0.05$）。护理后患者社会活动、日常活动、焦虑情绪与抑郁情绪等生活质量评分明显优于护理前，且 QOL 评分高于护理前，护理前后对比差异具统计学意义（$P<0.05$）。结论：慢性阻塞性肺疾病患者应用临床护理可促进临床症状的改善并提升其生活质量，值得临床应用。

第十章

字幕翻译

第一节 字幕翻译定义与功能

随着科学技术的不断发展，人民生活水平的不断改善，影视作品作为顺应大众需求所产生的丰富人们精神世界的艺术而广泛受到人们的喜爱。同时，随着中国改革开放程度的不断提高，中西方国家无论在政治、经济还是文化等领域的交流也在不断加深，越来越多优秀的外国文学通过不同的方式被中国引进，中国也不乏众多制作精良的影视作品，电影、各种纪录片等译介到国外。因此，影视作品的字幕翻译在翻译研究中的地位越来越重要，在跨文化交流过程中起至关重要的作用。

影视作品作为文化交流传播的媒介有着举足轻重的地位，而字幕在其中更是不可或缺，起着重要的作用。字幕(subtitles of motion picture)是指以文字形式显示电视、电影、舞台作品中的对话等非影像内容，也泛指影视作品后期加工的文字。在电影银幕或电视机荧光屏下方出现的解说文字以及种种文字，如影片的片名、演职员表、唱词、对白、说明词以及人物介绍、地名和年代等都称为字幕。影视作品的对话字幕，一般出现在屏幕下方，而戏剧作品的字幕，则可能显示于舞台两旁或上方。在欧洲，视听翻译研究在20世纪90年代中期刚刚起步。十几年来，视听翻译研究取得了突飞猛进的进展，已经从曾经边缘的地位逐渐成为话题中心的一部分，引发的关注前所未有

(Jorge Cintas,2006)。专家认为“如今译制片受众(观众)的数量远远超过翻译文学作品受众(读者)的数量,影视翻译对社会的影响也绝不在文学翻译之下”(钱绍昌2000)。

在跨文化交流过程中,影视作品常常带有各国明显的文化元素,而影视字幕的翻译在文化传播过程中可以很好地帮助受众了解各国文化。在字幕翻译的过程中,首先译者本身就是原文本的受众,在译者将原文内容译给目标受众的过程中,翻译受经济、文化、语言等差别和个人理解的影响,在有限的时间和空间内,力求将最精确合适的信息内容通过字幕翻译传递给处于特定文化背景中的受众(观众),因此字幕的翻译应符合目标受众的表达习惯、文化特征,行文要流畅且通俗易懂。

字幕翻译是一种特殊的语言转换类型,它是原声口语的浓缩的书面译文。所以它包含了三层含义,但在实际操作中,是三个同时发生的活动,即语际信息的传递,语篇的简化或浓缩和口语转换为书面语。字幕翻译的特点决定了它是有别于其他翻译类型的,对原文的删减在其他翻译类型中也需要,但是字幕翻译需要大量的删减,因为字幕翻译受时间和空间的限制。

一方面,从时间限制上看,字幕需要与声音同步,另外还得考虑观众的阅读时间。但是要做到完全同步几乎是不可能的,屏幕中演员完成台词需要几秒钟的时间,甚至根据剧情需要还得延长台词表达时间,字幕不是渐进的方式,而是从说话人张嘴开始,就是整句话,观众浏览字幕的速度当然就会比声音传达的速度快。另一方面,字幕是出现在屏幕上的文字,时间特别快,不像书本上的文字,可以供读者前后参照,这也使得字幕翻译在时间上有所限定。因此采用的字幕译文需采用一些常用词,避免生僻词;句式上应当简明,尽量把长句转换为简单句,被动句等也可以转换为主动句。

从空间限制上看,字幕每次出现一般都不超过两行。对英文字幕来说,人们一般可以接受两行的字幕。过多的字幕不仅占了屏幕过多的空间,有损视频本身的图片效果,将产生喧宾夺主的后果;而且观众在很短的时间里,很难做到既欣赏图片,又浏览字幕,从而影响正常的交流活动。因此,对字幕翻译者来说,字幕的翻译应该做到译文简洁明了,一目了然。一般情况下,字幕有两种形式:双语影视字幕和单语影视字幕。前者一行是源语字幕,另一行是译语字幕,两行字幕在屏幕上同时显示;后者只显示出一种语言的字幕,但也可通过设置,切换字幕语言的种类调出第二字幕。一般的双语影视字幕可能占据更多的屏幕空间,而且字幕的字体也将相应缩小,因此对这种字幕翻译的要求更高了。所以,字幕翻译有其自身的特殊性,在翻译的过程中,应该考虑上述因素采取不同的翻译策略应对。

第二节 字幕翻译原则与方法

字幕翻译相比其他类型的翻译活动,更需要译者周密的考量,应遵循以下基本原则,同时采用一系列行之有效的字幕翻译方法。(本节所选用的译例均选自中国中央电视台(CCTV)基于BBC版《美丽中国》进行翻译制作的纪录片字幕)

(一)体味字里行间意蕴,引申原文实质

在英译汉的过程中,有时尽管通过直译得到的译文和原文相比不会有太大偏差,也能理解原文想传达的意思,但往往不符合汉语观众的欣赏习惯(贾文波,2012)。汉语中的用词向来注重声韵和谐,平仄交错,对仗工整和言简意赅。此外,语际字幕翻译是不同语言之间的转换,是一种跨文化交际现象,即存在一定的文化限制。为了使中国观众更好地理解原片字幕,在进行英译汉时,译者可以将原文译成对仗工整的成语或在原文基础上增加具有解释说明作用的词句。

1. 套用工整对仗结构

英语在长期的语言实践中形成了以简洁朴实为美的审美习惯,英语常

用长句短句相杂。与此相反,汉语在长期的语言实践中形成了四言八句、工整对仗为美的审美习惯,喜用四字排比,朗朗上口。试看例 1 与例 2:(下文中,ST= Source Text 原文,TT= Target Text 译文)

[例 1]

ST:Wild boars roam the forests of the northeast.

Like the Hezhe People,

the boars find it difficult to gather food in winter.

To survive, they follow their noses,

among the keenest in the animal kingdom.

(Episode 4: *Beyond the Great Wall*)

TT:野猪在东北树林闯荡

和赫哲人一样

冬里觅食艰难

它们靠鼻子觅食求生

野猪嗅觉敏锐 在动物界数一数二

原文"To survive, they follow their noses, among the keenest in the animal kingdom."中涵盖了两层意思,为了生存,野猪必须靠敏锐的嗅觉去觅食;同时野猪属于嗅觉非常敏锐的动物。为了符合汉语对仗工整的行文习惯,译者在译文中套用了一系列四字结构,如"觅食求生""嗅觉敏锐""数一数二",符合译文受众的审美期待和阅读习惯,有助于实现译文的信息与表达功能。

[例 2]

ST:This fort-like design has survived from a time.

when the Kejia needed to protect themselves against hostile local tribes.

Some of these remarkable buildings are 800 years old.

and have survived earthquakes and typhoons.

（Episode 6：*Tides of Change*）

TT：城堡式的土楼设计

沿自旧日客家要抵御敌对部族年代

土楼富有特色　一些有 800 年历史

屡经地震和风暴 依然屹立不倒

原文“Some of these remarkable buildings are 800 years old and have survived earthquakes and typhoons.”囊括了两层意思，土楼如同 800 年前一样牢固和坚不可摧；土楼虽然历经诸多磨难却依然屹立不倒。“屹立不倒”这一四字结构符合汉语的行文用字，增强了译文的可读性。

2. 增句解意

在英译汉时，由于目的语观众受到一定的文化限制，在源语言中表达不明时，译者需要在目的语中将信息补充完整并增加具有说明意义的词句。与 BBC 版的《美丽中国》英语字幕相比，CCTV 版本的汉语字幕在背景知识方面有所增补。例如央视版本在介绍卧龙大熊猫自然保护区时，增添了地理位置、占地面积以及保护对象等信息，科普性更强，内容也更完整。试看例 3。

［例 3］

ST：Chongming Island provides a vital resting and feeding spot for migrating shorebirds.

（Episode 6：Tides of Change）

TT：崇明岛，世界上最大的河口冲积岛，是迁徙鸟类的重要中转站。

原文主要介绍了崇明岛的作用，而译文加了“世界上最大的河口冲积岛”这一信息为目的语观众提供了详细准确的信息，科普意味更强。

（二）发挥译语优势，注重读者效应

为了帮助观众进一步了解纪录片的内容，在英汉翻译过程中，纪录片字幕翻译应当遵从目的语文化环境的标准，充分考虑到目的语观众的认识和心理，在保证正确传达原文内容的情况下，发挥译文的有利之处以增强感染力。根据目的原则，一些翻译行为由行为的目的决定，即“目的决定手段”（Reiss & Vermeer 2013）。因此纪录片字幕翻译应采用“归化（domestication）”，以减少跨文化信息交流中出现的障碍。归化中的改写（adaptation）、简化（simplification）和套译（substitution）等翻译方法在字幕翻译中都有所体现。

1. 改写（adaptation）

英语和汉语这两种语言中存在以下两个差别：英语多长句，汉语多短句；英语多被动，汉语多主动（刘霞，2015：164）。就纪录片《美丽中国》中诸多改写情况而言，主要有以下两种具体表现形式：一是断句法，即把英文字幕中的长句难句拆分翻译成中文中的简单短句；二是转态译法，即将英语中的被动语态转换成汉语中的主动语态。改写有助于目的语观众更好地理解字幕内容，试看以下几例：

[例4]

ST：The name Bayanbulak means “rich headwaters”

and they' ve come here to set up temporary homes

to graze their livestock on the lush summer pastures.

The search for fresh fodder for their animals keeps them on the go and being able to move home so easily is real advantage.

It takes only a few minutes for the Mongolian family to set up their yurts.

（Episode 4：Beyond the Great Wall）

TT：巴音布鲁克的意思是“丰富泉源”

牧民到来暂住

夏日水草欣荣

正好放牲畜饱食

牧民居无定所 为牲口逐水草而居

居所拆迁容易 实在方便

一家人合力 几分钟搭起蒙古包

前两句原文都是典型的英语长句，在翻译成汉语时采用了断句法。第一句拆开了 and 引导的并列句和 to 引导的目的状语从句，从而译成了三句中文短句，其中“巴音布鲁克”“牧民”和“水草”这三个意象都表明 Bayanbulak 是一个适合牧民搭建蒙古包和放养牲畜的好地方，而“The lush summer pastures”译为“夏日水草欣荣”则是中文中典型的主谓结构，符合译语观众的阅读习惯。第二句拆分了 and 引导的并列句，译成了两句中文短句，“牧民”和“居所拆迁”有助于中国观众了解“牧民居无定所，为牲口逐水草而居”的生活方式。由于纪录片字幕翻译受到时间和空间限制，因此将英文长句难句转换成中文短句有助于目的语观众尽快了解字幕内容。

[例 5]

ST: These are golden snub-nosed monkeys, a species unique to China.

Seldom seen, they are frequently heard.

Their strange child-like calls and extraordinary appearance

may have inspires the local tales of a Yeti-like wild man of the mountains.

(Episode 5: Land of the Panda)

TT:它们是川金丝猴 中国独有的品种

鲜见其踪 但多闻其声

童音似的呼唤 奇异的相貌

可能就是当地深山野人传说的源起

在这个例子中，英译汉时使用了转态译法。第二句英文原文“Seldom seen, they are frequently heard”是被动句，此处把动物看作主体要去探索与征服的对象，即客体；但中文译文“鲜见其踪 但多闻其声”则是主动句，这是由于中国的传统思维模式使中国人养成了喜欢从主体的角度与需要去看待周围事物的习惯，所以汉语句子偏向于用“人”做主语。英文被动句译为中文主动句符合中国观众的语言习惯。

2. 简化（simplification）

由于纪录片字幕是书面语和口语的结合，所以源语言中会有一些具有特殊意义的词语或晦涩难懂的专业术语，这会导致目的语观众无法理解纪录片的内容。在翻译过程中遇到这一情况时可以采用简化策略，即用通俗易懂的语言去替换这类词语，让目的语观众产生类似原始文本的感受，试看例6。

［例6］

ST：Several world religions believe in a mythical mountain

That's equivalent to the Garden of Eden.

Its peak has four faces，aligned to the points of the compass，

and from its summit four rivers are said to flow to the four quarters of the world.

Thanks to its life-giving waters，

This mountain is known as the axis of the world.

（Episode 3：Tibet）

TT：多个宗教奉一座神山为极乐世界

传说神山峰有四壁

对应东南西北四方

顶峰流出四河 流向人间四方

大河河水灌溉生灵

于是人人奉神山为“世界中心”

“The Garden of Eden”在圣经原文中含有乐园的意思，是幸福的象征；而译文中的“极乐世界”在中国佛教文化中同样象征着幸福安乐。因此英译汉时可以把“The Garden of Eden”译成“极乐世界”，有助于译语观众进一步理解字幕内容。“The points of the compass”字面意思是“罗盘的方位”也就是

指东南西北四个方向,在目的语观众的背景文化中,多用“东南西北四方”来指代指南针的四个方向。

3. 套译(substitution)

套译法指用本国语言文字中已有的词汇去套用源语词汇,而套用目的语常用的词汇常常涉及到一些文化特定词或者文化专有项。《美丽中国》在对字词进行汉译时就使用了套译的翻译策略,试看例 7 与例 8。

[例 7]

ST:The Great Wall of China was built by the Han Chinese

to keep out the nomadic tribes from the north.

They called these peoplebarbarians and their lands

were considered barren and inhabitable.

(Episode 4:Beyond the Great Wall)

TT:中国长城由汉人建造

为了抵御北方的游牧民族

他们的土地贫瘠而且不适合居住。

英语原文中的“barbarian”一词通常译作“野蛮人”指那些远离文明且暴力的别国人,而在汉语中的野蛮人一般是指那些和汉族敌对的人。但此处将少数民族和游牧部落都看作是“野蛮人”显然不合适,故根据中国历史文化在翻译时要用“游牧民族”来代替“野蛮人”,这更符合译语观众的文化背景。

[例 8]

ST:The Chinese see these Miluas a curious composite animal,

with a horse ' s head,cow ' s feet,

a tail like a donkey and backwards-facing antlers.

In the West,we know it asPere David ' s Deer,

after the first European to describe it.

(Episode 6:Tides of Change)

TT:中国人把麋鹿唤作四不像

麋鹿生有马头牛脚

驴尾和一对反方向的鹿角

西方人将麋鹿唤作“大卫神父鹿”

那位神父是首位描述麋鹿的欧洲人

在中国,麋鹿被视为灵兽,由于它头脸像马、角像鹿、颈像骆驼、尾像驴,故又被称作“四不像”。而在古典小说《封神演义》中姜子牙的坐骑就叫做四不像。因此把“The Chinese see these Milu as a curious composite animal”译成“中国人把麋鹿唤作四不像”会使中国观众更容易理解。但是在“In the West,we know it as Pere David's Deer”这一句中直译为“西方人将麋鹿唤作‘大卫神父鹿’”则更为合适妥当。通过中西双方对“麋鹿”的称呼,中国观众能够了解到文化特定词在源语和译语文化中有着不同的称呼。

(三)强调简明意赅,符合字幕翻译特点

李运兴(2001)教授认为,字幕翻译者需要在对信息接收者的认知力判断基础上,对信息接收者在有限时空中的认知活动无关紧要甚至毫不相关的信息可以进行删减节略,以凸显相关性更强的信息;对信息接收者固有认知结构中缺乏而在有限时空中又无法补充的信息可以省略;对画面或音乐已提供了充分语境的信息亦可以考虑进行缩减。由于字幕受到时间和空间的双重制约,因此纪录片字幕必须简洁明了,尽量减少字幕翻译对画面空间的占用,保证观众快速准确地获得信息。纪录片字幕翻译的即时性、同步性、无注性特征决定了译者在翻译字幕时,需要对原文的内容进行删减或者浓缩,且必须是在保留主体和关键信息的前提下进行(郭坚,2015)。

1. 浓缩(condensation)

浓缩指用简单易懂的语言对源语言中太长的信息进行整理再创造,做出比较简洁的翻译同时还要译出原文的主体和精髓要旨。

［例 9］

ST：Deep within the mountains is a maze of remote valleys and forests.

（Episode 5：Land of the Panda）

TT：山深林密，渺无人烟。

"Deep within the mountains is a maze of remote valleys and forests"可以直译为"深山中隐藏着幽寂的山谷与森林"。虽然完整表达了原文的意思，但却不及"山深林密，渺无人烟"来的简短凝练和富有内涵。此外四字成语"山深林密""渺无人烟"结构工整，更符合中国观众的阅读习惯和审美情趣，译文读起来也是朗朗上口，别具一番风味。

2. 删减（omission）

删减策略就是对字幕翻译中无需解释清楚的文化词汇以及源语言中难以解释但不涉及关键信息的部分进行直接删减。

［例 10］

ST：Along China's border with North Korea

is this region's most famous mountain—Changbaishan

Its name means ever white

（Episode 4：Beyond the Great Wall）

TT：长白山

位于中国和朝鲜的边界

因为西方人不知道"Changbaishan"的意思，所以要在源语字幕中用"ever white"对"Changbaishan"的名字进行一个解释说明。但中国观众知道长白山的名字所指何意，所以就没必要翻译出"Its name means ever white"的意思，而是可以将它直接删减以避免句子过于冗长。

第三节　纪录片字幕翻译案例分析

翻译研究学者与专家们认为绝大部分对字幕翻译的研究都集中于电影作品方面，却忽视了一些本应该被优先考虑的视听形式，如纪录片和漫画等，由此可见在对字幕翻译的研究中，纪录片字幕翻译一开始并不受重视，但如今已有不少西方学者们开始关注纪录片字幕翻译研究。许多学者认为纪录片的字幕翻译应当采取不同的翻译技巧和策略，此外纪录片字幕翻译还注重向目的语观众展示真实画面和叙述真实故事。

本小节将结合 BBC 纪录片《蓝色星球 II》的字幕英汉翻译实例，进一步探究纪录片字幕翻译常用的方法。历经 4 年制作、125 次考察、39 个国家的访问、6000 小时水下拍摄、1000 米探测深度，7 集的《蓝色星球 II》，用壮观的新坐标和非同寻常的动物行为，帮助我们更好地欣赏和了解海洋的神奇与魔力。早在 2001 年，《蓝色星球》的创作团队就把观众带入了之前未曾在电视上见到过的海洋世界。后来，获得无数奖项，为 BBC 在自然历史的水下题材拍摄中赢得了很多赞誉。2017 年的续集在先前的基础上，又利用创新的电影工艺技术为观众展示了更多未知的海洋世界，呈现出"完全真实的大自然"。随之而来的一股纪录片热吸引了各界学者的目光，与此同时纪录片作品中的字幕翻译问题也逐渐进入一些翻译研究者的视线。

Example 1: As we understand more about the complexity of the lives of seas creatures, so we begin to appreciate the fragility of their home.	例 1：我们对海洋生物复杂性了解得越多，我们就会逐渐明白他们的家园是多么脆弱。

Example 2: As overfishing empties the surface waters of the seas, trawlers have started to ransack the deep.	例2:人们的过度捕捞使海洋表层水里的鱼类数量骤然减少,拖网渔船开始大量捕捞深海处的鱼类。

由于英汉两种语言的差异,英语作为逻辑关系显化的语言,在语言表现形式上一定存在诸多的连接成分。比如例 1 和例 2 中表达时间先后关系和因果关系的 as 在汉语译文中均被省译,不仅符合字幕翻译简明短小的特点,同时契合汉语的表达习惯,无须赘言,字里行间观众自然心领神会。

Example 3: And so on, and so forth.	例3:一环扣着一环。
Example 4: It tastes for scent and feels for movement.	例4:它们用味觉寻找气味,用触觉察觉动静。

汉语传统向来以排比工整对仗为美,字幕译文也无一例外。如例3 和例4 译文中反复、工整的表达,不仅符合汉语观众的审美习惯,同时对原文传递的信息进行了详实的传达,因此,适当的增词释意也是合理的翻译选择。

Example 5: Once in the ocean, plastic breaks down into tiny fragments, micro plastics. Along with all the industrial chemicals that have drained into the ocean, these form a potentially toxic soup.	例5:进入海洋之后,塑料分解成许多小碎片,微塑料和其他进入海洋的工业化学品一起构成了一种潜在毒性液体。
Example 6: The deepest of all, at almost eleven miles, is the Mariana Trench in the Pacific Ocean. Even Mount Everest could disappear inside it.	例6:其中最深的是太平洋的马里亚纳海沟,这条沟深达 11 千米左右,珠穆朗玛峰置于其中也会被淹没。

英汉句式结构迥异也对字幕翻译带来影响。相比较汉语,英语句式有

着严苛的规则，谓语动词的单一性，从句结构的多样性，对字幕翻译提出更高的要求。如何在有限的时空限制下，对英文句式作出适当的处理，对译者是不小的挑战。例 5 和例 6 的译文将原文中的几句话合并成一句汉语，将原文句子的逻辑关系暗含在汉语中，用一些重复的成分如“微塑料和其他进入海洋的工业化学品”和“这条沟”表明原文两句话之间的逻辑关系。

Example 7: And wave power creates towering fortresses. Like these cliffs in the Arctic, home to tens of thousands of breading sea-birds.	例 7: 海浪的威力塑造了一座座高耸的堡垒。比如，北极地区的这些悬崖，成千上万只海鸟生存繁衍栖息之地。
Example 8: So, the prairies and the Shocks are surprising allies in the fight. The fight against our warming climate.	例 8: 因此，在这场对抗气候变暖的战役中，草地和鲨鱼竟然是同一阵营的盟友。

词性转换也是字幕英汉翻译常用的手法，例 7 和例 8 恰好说明了这点。“home to”名词词组在译文中成了动词“栖息”，而非“成为……的家园”，避免了译文的冗长。同理，例 8 介词“against”译成“对抗”。

Example 9: If the trevallies are to catch one now, they have toup their game.	例 9: 如果珍鲹现在想逮着燕鸥，他们得加倍努力才行。
Example 10: Gathering up to a hundred kilos of herring in a single mouth.	例 10:（座头鲸）单单一口就可以吞下 100 千克的鲱鱼。
Example 11: This little female isup early and one step ahead of the others.	例 11: 这只母龟起得很早，它比其他绿海龟提前一步出发了。

一词多义的现象要求译者准确理解原文内涵，用恰当的语言在译文中加以表达。例 9、10、11 中的 up 分别为加倍、足以和起床的意思，因此准确理解原文是字幕翻译的首要任务。

Example 12: Gorgonian fans, in fact, are covered with a mucus, that can have anti – inflammatory and microbial properties. So maybe the adult dolphins are doing this to protect themselves from the infection. The dolphin's intimate knowledge of the reef is spurring us to search for new medicines here, too.	例 12:事实上,柳珊瑚表面覆盖着附满了一种黏液。这种黏液具有消炎的抗菌特性。所以成年海豚这么做,或许是为了预防感染。海豚们对珊瑚礁的详尽了解也启发着我们前往这里寻找新的药物。
Example 13: They found a shoal of lantern fish hiding eight hundred meters down off the coast of south America. Their tentacles are armed with powerful suckers with which they grab their prey. And when there are no more lanternfish to be found, they turn on each other.	例 13:他们发现南美洲海岸附近有一大群灯笼鱼就躲在水下 800 米处,它们(乌贼)的触手上长有强有力的吸盘,这些吸盘是用来抓猎物的。如果这里抓不到灯笼鱼了,它们就会自相残杀。
Example 14: Running right down the middle of the world's oceans, an underwater mountain range, spanning the entire globe. The mid-ocean ridge. In the South Pacific, the ocean flower is being torn apart.	例 14:在地球海洋的中心地带,一座海底山脉横跨了整个地球大洋中脊,南太平洋的海床正在变得四分五裂。

语态(voice)是语言借助动词表示主语与谓语关系的一种形式,包括主动语态和被动语态两种。主动语态表示主语是谓语动词动作的执行者,叙述强调的是动作;被动语态表示主语是谓语动词动作的承受者,叙述强调的是动作完成后所呈现出来的状态。英汉语中均有主、被动语态两种表达方式,但细究之,则不难发现其不同之处。英语语言中被动句的使用广泛,汉语中被动句使用较少。在英语语言中,凡是不必说出主动者、不愿说出主动者、无从说出主动者或是为了便于连贯上下文等场合都可以使用被动。与英语相比,汉语主动句使用较多,被动句使用较少,其使用范围相对而言也要狭窄得多。如例 12、13、14 为典型的被动句式。在译文中均被处理为主动

语态。

Example 15: They are complex, infinitely – worried structures, providing all kinds of homes for their many residents, from penthouse suites to backstreet dens.	例 15:这些珊瑚礁的结构复杂,变化极为丰富,它们为许许多多的居民提供各种各样的花园,从阁楼套房到偏僻巢穴。
Example 16: A giant, a true Goliath. He probably weighs about 10 kilos, bands of colour sweep across his skin.	例 16:一个名副其实的庞然大物,体重大概是十千克,皮肤上覆满了弯弯曲曲的带状条纹。

例 15、16 中出现的 penthouse suites 原指楼顶房屋套间,backstreet dens 指偏僻小巷的巢穴,在译文中被处理成“阁楼套房”和“偏僻巢穴”。Goliath 是西方传说中著名巨人之一,根据《圣经》记载,Goliath 是腓力斯丁人首席战士,因身高甚大,有无穷的力量,所有人看到他都要退避三舍,不敢应战。在原文中,该词的使用是为了凸显海洋生物的庞大。若照直音译,起不到任何传递信息的效果,译文中摒弃典故传说中的名字,直接将内涵“庞然大物”译出,简洁明了,利于汉语受众接受。

❖ 实战演练 ❖

1. 选择《舌尖上的中国》和《四季中国》的纪录片汉英字幕翻译为例,分析并总结字幕翻译的各种方法与技巧。

2. 仔细研读电影《卧虎藏龙》的字幕翻译,试着从字幕翻译的视角分析其获得奥斯卡最佳外语片的原因。

参考文献

[1]鲍剑晨,王晨婕.翻译目的论视角中企业简介汉英翻译问题及对策探究:以海尔集团简介英译文为个案研究［J].安徽文学,2017(10):103-106.

[2]陈大亮.关于知识翻译学的元反思［J].当代外语研究,2022(02):45-56.

[3]程尽能,吕和发.旅游翻译理论与事务［M].北京:清华大学出版社,2008.

[4]丁衡祁.汉英翻译实践是再创造的过程［J].中国翻译,2005,26(5):25-29.

[5]傅敬民,袁丽梅.新形势下我国应用翻译研究:机遇与挑战[J].中国翻译.2022(02):97-102.

[6]冯修文,严大伟.实用文体翻译［M].上海:上海交通大学出版社,2012.

[7]方梦之.实用文体汉译英［M].青岛:青岛出版社,2003.

[8]金惠康.跨文化旅游翻译［M].北京:中国对外翻译出版公司,2006.

[9]贾文波.应用翻译功能论［M].北京:中国对外翻译出版公司,2004.

[10]焦丹.国家翻译实践地方化初探［J].上海翻译.2022(02):66-71.

[11]蓝红军.国家翻译实践研究的基本理论问题［J].上海翻译.2022(02):61-65.

[12]李运兴.字幕翻译的策略［J].中国翻译,2001(4):38-40.

[13]刘云虹,许钧.新时期翻译批评的走向、特征与未来发展［J].中国翻译,2022(02):5-13.

[14]骆云英,王晨婕.目的论视角下纪录片字幕翻译策略的研究:以《美丽中国》为例［J].现代语文(语言研究版),2017(10):120-123.

[15]鲁丰,王晨婕.目的论视角下的宁波旅游景点公示语英译问题及对策研究[J].安徽文学(下半月),2017(10):90-91+102.

[16]罗妍,王晨婕.从语用模因论看电影片名英汉翻译中强势模因的创造[J].现代语文(语言研究版),2015(7):147-149.

[17]卢若素,王晨婕,徐红利,叶明娜.从功能主义翻译理论看政治性论文汉英翻译:以宁波市《政府工作报告》英译文为例[J].淮南职业技术学院学报,2013,13(2):79-83.

[18]梅盛,王晨婕.从翻译目的论看博物馆解说词汉英翻译:以宁波博物馆解说词英译为例[J].现代语文(语言研究版),2015(10):146-148.

[19]牟宜武,吴赟.企业超文本外宣翻译与中国企业形象提升研究[J].外语电化教学,2021(03):115-120.

[20]宁海霖,许建忠.知"异"方可"译":谈企业简介的汉译英[J].中国科技翻译,2008(4):21-23.

[21]牛新生.从目的论视角探析企业简介翻译错误及其成因[J].宁波大学学报(人文科学
版),2010(6):33-38.

[22]潘静娴,王晨婕,孔文.翻译目的论视角中的会展外宣材料汉英翻译:以宁波地区大型会展网站汉英翻译为例[J].淮南职业技术学院学报,2010,10(4):100-103+112.

[23]钱绍昌.影视翻译:翻译园地中愈来愈重要的领域[J].中国翻译,2000(1):61-65.

[24]任东升,高玉霞.国家翻译实践学科体系建构研究[J].中国外语.2022(02):4-10.

[25]孙群,王晨婕,卢若素,叶明娜.目的论视角中企业简介翻译研究:以宁波地区大型服装企业简介英译为例[J].淮南职业技术学院学报,2012(43):60-64.

[26]舒晨晨,王晨婕. 模因论视角下新闻标题翻译中强势模因的创造 [J]. 现代语文(语言研究版),2015(11):148-150.

[27]孙群,王晨婕,卢若素,叶明娜. 目的论视角中企业简介翻译研究:以宁波地区大型服装企业简介英译为例 [J]. 淮南职业技术学院学报,2012,12(1):60-64.

[28]王晨婕. 从目的论看会展外宣材料汉英翻译:以宁波地区大型会展网站英译为例 [J]. 重庆教育学院学报,2011(4):113-117.

[29]王骢静,王晨婕. 关联理论视角下博物馆解说词汉英翻译研究:以浙江省余姚市河姆渡博物馆解说词英译文为例 [J]. 现代语文(语言研究版),2015(11):158-160.

[30]王树槐. 翻译批评的跨学科综合模式:范畴与路径 [J]. 中国翻译,2022(02):23-31.

[31]徐燕云,王晨婕. 从顺应论看新闻标题英汉翻译中的选择与顺应 [J]. 现代语文(语言研究版),2015(6):138-140.

[32]熊兵. 翻译研究中的概念混淆:以"翻译策略""翻译方法"和"翻译技巧"为例 [J]. 中国翻译,2014,35(3):82-88.

[33]袁晓宁,袁超. 谈外宣英译中的几个问题 [J]. 中国翻译,2007(6):38-39.

第 2 章[34]张基珮. 外宣英译的原文要适当删减 [J]. 上海科技翻译,2001(3):21-24.

第 3 章[35]张艳辉,陈少康. 目的论视角下的企业简介汉英翻译 [J]. 外语教学与研究,2010(9):210-212.

[36]张健. 英语新闻标题的汉译 [J]. 中国翻译,1997(1):42-43.

[37]周强. 纪录片《蓝色星球 2》的创作策略分析 [J]. 戏剧之家,2020(1):71-73.

[38]张健. 新闻英语文体与范文评析 [M]. 上海:上海外语教育出版

社,2003.
[39]朱义华,张健 学科视野下的外宣翻译之“名”与“实”探究[J]. 上海翻译,2021(5):34-38.
[40]朱泽科,王晨婕,黄琼珊,吴琦. 顺应论视域中浙江省地方政府网站英译失误与对策探究[J]. 宁波工程学院学报,2021,33(1):53-58.
[41]周红,王晨婕. 论关联理论视域下政论文汉英翻译中最佳关联的实现:以2015年《政府工作报告》为例[J]. 现代语文(语言研究版),2015(12):149-151.
[42] Hewson, Lance & Jacky Martin. Redefining Translation: The Variational Approach [M]. London: Routledge, 1991.
[43] Hickey Leo. The Pragmatics of Translation [M]. Shanghai: Shanghai Foreign Language Education Press, 2001.
[44] Leech, Geoffrey. Principles of Pragmatics [M]. London: Longman, 1983.
[45] Levinson, Stephen. Pragmatics [M]. New York: Cambridge University Press, 1983.
[46] Mey, Jacob, Levy. Pragmatics: An Introduction [M]. Oxford: Blackwell, 1993.
[47] Nida, Eugene Albert. Translating Meaning [M]. California: English Language Institute, 1982.
[48] Newmark, Peter. A Textbook of Translation [M]. London/Toronto/Sydney: Prentice- Hall, 1988.
[49] Nord, C. Translating as a Purposeful Activity: Functionalist Approaches Explained [M]. Shanghai: Shanghai Foreign Language Education Press, 2001.
[50] Nida, E. A. Language, Culture and Translation [M]. Shanghai: Shanghai Foreign Language Education Press, 1993.

[51] Newmark, P. Approaches to Translation [M]. Shanghai: Shanghai Foreign Language Education Press, 2001.

[52] Phillipson, Robert. Review of Michael Cronin, Translation and Globalization [J]. *Language Policy*, 2006, (5): 227-232.

[53] Pearsall, Judy. The Oxford Dictionary of English [Z]. Shanghai: Shanghai Foreign Language Education Press, 2001.

[54] Rosener Warren. The Art of Translation: Voices from the Field [M]. Boston: Northeastern University Press, 1989.

[55] Reiss, K. Translation Criticism: Potentials and Limitations [M]. Shanghai: Shanghai Foreign Language Education Press, 2004.

[56] Steiner, George. After Babel: Aspects of Language & Translation [M]. Oxford/New York: OUP, 1975.

[57] Sperber, Dan. & Deirdre Wilson. Relevance: Communication and Cognition [M]. Beijing: Foreign Language Teaching and Research Press, 2001.

[58] Verschueren, Jef. Understanding Pragmatics [M]. Beijing: Foreign Language Teaching and Research Press, 2000.

[59] Wolfram, W. The Science of Translation: Problems and Methods [M]. Shanghai: Shanghai Foreign Language Education Press, 2001.